東洋古典國譯叢書 3

懸吐完譯

大學·中庸集註

개정증보판

◉成百曉 譯註

傳統文化研究會

譯註者 略歷

忠南 禮山 出生
家庭에서 父親 月山公으로부터 漢文 修學
月谷 黃璟淵, 瑞巖 金熙鎭 先生 師事
民族文化推進會 國譯研修院 修了
高麗大學校 敎育大學院 漢文敎育科 修了
한국고전번역원 부설 고전번역교육원 名譽漢學敎授(現)
傳統文化研究會 副會長(現) 해동경사연구소 소장(現)
古典國譯賞 受賞

論文 및 譯書

〈艮齋의 性理說小考〉〈燕岩의 學問思想研究〉
四書集註 ≪詩經集傳≫ ≪書經集傳≫ ≪周易傳義≫
≪古文眞寶≫ ≪牛溪集≫ 등 數十種 國譯
≪宣祖實錄≫ ≪宋子大全≫ ≪茶山集≫ ≪退溪集≫ 등 共譯

東洋古典國譯叢書 刊行辭

어느 서구의 동양학자는 '儒敎르네상스'라는 觀點을 취하면서 "나는 유교는 舊社會의 원리 그 자체이므로 死滅하였다고 생각하고 있다. 復活은 있을 수 없다고 생각한다. 그러나 그 精神만은 살아 있는데 그것은 죽은 유교의 靈安室에 보존되고 있다. 이 영안실이란, 이미지를 포함하고 있는 미디어인 '漢字의 體系'라고 생각한다."라고 말하고 있다.

서구사회의 개인주의 사상이 지금 인간을 산산히 조각내어 사회를 崩壞에로까지 몰아넣고 있다고 하는 危機意識을 강하게 품고 있고, 따라서 유교의 정신을 共同體主義나 儀禮主義(禮)라는 反個人主義의 觀點에서 파악하려 하고 있는 것으로 알려지고 있는 이 학자는 또한 이렇게도 말한다. "유교가 결정적으로 死滅하여 버렸기 때문에 近代化와 모순되지 않으면서 새로운 思惟樣式 속에 그 정신을 再投資할 수 있다. 유럽에서도 기독교가 쇠약해졌지만 福音主義의 정신이 남아 있는 것과 같다."라고 하고 있다.

'영안실에서 뽑아낸 에스프리의 재투자'라는 생각에 문제점이 없는 것도 아니다. 儒敎는 과연 죽었는가? 儒敎資本主義다 儒敎社會主義 또는 심지어 儒敎共産主義다 라는 造語가 과연 죽은 뒤의 정신의 再投資 속에서 생긴 말인가. 아니면 완전히 사멸하지 않았기 때문에 이 같은 말들이 생겨날 수 있도록 영향력을 행사한 것인가? 유교가 근대화와 모순되지 않기 위해서는 일단 결정적 死滅의 경로를 통과하여야만 한다는 한 길〔一途〕밖에 없는 것인가? 유교사상의 새로운 體系構成을 통해 死滅없이, 산 채로 정신의 재투자는 불가능한 것인가? 산 채로의 투자는, 그러나 民主는 무슨 민주인가, 오로지 동양적 專制만이 倫理秩序 維持의 유일한 길이 아니냐고 하면서 시대착오적 착각에서 헤어나지 못하는 保守의 잔당들이 꼬리표처럼 붙어다녀 영영 이것을 털어낼 수가 없기 때문에 불가능하다는 것인가? 무가치한 瓦礫은 버리고 珠玉만을 걸러 취해 새롭게 再構成할 수는 없는 것인가?

그러나 어느 길을 택하던 '儒敎르네상스'의 觀點을 취하고 있는 학자의 수는 늘고 있고 유교를 비롯한 동양의 전통문화에 대한 새로운 관심도는 날로 높아져가고 있다.

그런데 현대에 살아 숨쉬고 있는 것으로 생각하든 영안실 안에서 잠자고 있는 것으로 생각하든 漢字의 文字體系로 이루어진 東洋古典은 그것의 讀解를 專業으로 하는 전문학자를 제외한 모든 사람에게는 國譯書 없이는 접근하기가 쉽지 않다. 또한 우리 전통문화의 究明에 있어서는, 그것이 韓國經濟史가 되든 法制史가 되든, 혹은 精神史, 知性史, 音樂史, 繪畫史, 服飾史, 交通史, 戰爭史 등등이 되든, 그 모든 연구를 위한 一次資料가 漢文으로 되어 있는데다, 유교의 고전인 四書·五經을 모두 마땅히 알고 있으려니 하는 暗默의 前提 아래 그 成句를 출전을 밝히지 않은 채 인용해 쓰고 있는 例가 허다하여, 四書·五經을 중심으로 한 동양고전은 그 어느 분야의 전공자를 막론하고 필독의 것이 되지 않을 수 없다. 誤譯 없는 동양고전 국역서의 출현을 기다리는 마음은 이에 더욱 절실하다 하겠다.

번역에 있어서는 현대어로의 완전한 번역이 國譯의 최종 목표가 됨은 말할 것도 없으나 誤譯 없는 逐字譯의 실력이 없이는 불가능하다. 멀리 신라 때의 薛聰이나 麗末鮮初의 權陽村에 의한 經書의 口訣을 거쳐 조선조 세종대왕의 한글 창제이후의 국역서(諺解本)의 蓄積은 참으로 완전한 번역을 위한 귀중한 참고자료가 아닐 수 없다. 先儒들의 훌륭한 先行業績의 토대 위에 비로소 최상의 현대어 번역은 가능해진다.

우리 전통문화연구회에서는 정성들인 번역서의 출간을 기다리는 興望에 부응하기 위해 誤譯 없는 번역에 力點을 두어 斯界의 실력자로 번역진을 구성, 공부하는 사람들의 머리맡에 사전처럼 두고 볼 수 있는 번역서의 간행을 기획하여, 이제 그 東洋古典國譯叢書 의 세 번째로 斯界의 重鎭인 國防部戰史編纂委員會 責任編纂委員 成百曉 氏가 ≪論語集註≫와 ≪孟子集註≫의 飜譯 경험까지 살려 또다시 心血을 기울여 懸吐完譯한 ≪大學·中庸集註≫를 세상에 내놓아 四書集註를 完刊하기에 이르렀다.

오랜 역사 위에 축적된 先儒들의 先行業績과 현대어 사이에 튼튼한 架橋가 구축되리라 스스로 자부하여 본다. 江湖諸賢의 鞭撻이 있기를 바란다.

1991年 3月   日

社團法人 傳統文化硏究會

會長 安 炳 周

이 책에 대하여

本書는 ≪大學≫·≪中庸≫과 이에 대한 朱子의 章句에 懸吐하고 國譯하여 合本한 것이다. 원래 ≪大學≫은 ≪禮記≫ 49篇中 42번째로, ≪中庸≫은 31번째로 들어 있었다. 그러나 이 두 篇은 儒教의 重要經典으로 인식된 결과, 일찍부터 단행본으로 만들어지기 시작하였다. 특히 ≪中庸≫은 漢代부터 중시되어, 司馬遷의 ≪史記≫⟨孔子世家⟩에는 이를 孔子의 孫인 子思의 所作이라 하였으며, ≪漢書≫⟨藝文志⟩에는 ≪中庸說≫ 2卷이 소개되고 있다. ≪大學≫에 관해서는 宋代에 司馬光이 ≪大學廣義≫를 지은데 이어 程明道·程伊川이 이를 表章함으로써 儒家正統의 經典으로 위치를 굳히게 되었다.

이들 두 책의 注解로는 ≪禮記≫에 들어있는 鄭玄의 注와 孔穎達의 疏가 가장 오래된 것이다. 이밖에도 程伊川의 ≪中庸解≫가 있으며, 그 門人들의 注解가 많은데, 朱子는 諸家의 說을 綜合, 절충하여 ≪大學章句≫와 ≪中庸章句≫를 짓고, ≪大學≫·≪中庸≫을 ≪論語≫·≪孟子≫와 함께 四書로 並稱하여 儒教經典의 代表로 推崇하였다.

朱子는 "≪大學≫을 經文과 傳文으로 나누고, 經文 1章은 孔子의 말씀을 曾子가 記述한 것이며, 傳文 10章은 曾子의 뜻을 그 門人들이 기록한 것이다." 하였다. 그리고 "曾子의 門人中에는 子思가 道統을 傳했다." 하여, 子思가 ≪大學≫의 대부분을 記述하였을 것이라고 추측하였다. 程子(明道·伊川) 역시 "≪大學≫은 孔氏의 遺書이다." 하였는데, 이 또한 그러한 脈絡에서 말씀한 것이다.

더욱이 朱子는 "≪大學≫은 옛날 太學에서 사람을 가르치던 法이다." 하여, 明明德·新民·止於至善을 三綱領, 格物·致知·誠意·正心·修身·齊家·治國·平天下를 八條目이라 하여, 君上의 修己治人之術을 밝힌 政治書로 重視하였다. 또한 古本大學은 篇次가 뒤바뀌고 빠진 부분이 있다는 程子의 말씀에 근거하여, 그 篇次를 다시 정하고, 새로이 格物致知章을 지어 넣기도 하였다.

≪中庸≫에 대하여는 ≪論語≫⟨堯曰⟩의 '允執其中'과 ≪書經≫⟨大禹謨⟩의 '人心惟危道心惟微 惟精惟一 允執厥中'을 ≪中庸≫의 由來로 보고, 이를 子思가 堯舜以來로 전해 온 道統의 淵源을 밝힌 글이라 하였다.

明代에 이르러 王陽明이 古本大學의 正統性을 강조하였고, 淸代의 考證學者들이 이를 受容하여, '朱子가 聖經을 어지럽혔다.'는 批判을 가하였다. 우리나라의 茶山 丁若鏞도

≪大學公議≫를 지어 古本大學의 타당성을 주장하였다. ≪中庸≫의 경우에도 朱子가 道統의 心法이라고 引據한 〈大禹謨〉의 내용이 僞古文尙書의 것이어서 信憑性이 없다는 說이 유행하기도 하였다.

그러나 우리나라에서는 대부분의 學者들이 朱子의 四書集註를 絶對信奉하였으며, 이것이 朝鮮朝 性理學의 根幹을 이루고 있음은 그 누구도 否認하지 못할 것이다. 뿐만 아니라 ≪大學≫의 三綱領, 八條目은 學問과 政治의 필수적 主題가 되었으며, ≪中庸≫의 道統說역시 우리의 思想에 깊이 뿌리박고 있음을 쉽게 찾아볼 수 있는 것이다.

本人은 다년간의 四書講讀指導를 통하여 初學者들이 學習에 利用할 수 있는 四書譯刊本이 필요함을 痛感하고, 이에 관한 작업을 계속하여 왔다. 그 결과 지난해에 이미 ≪論語集註≫를 譯刊하였으며, 同好人들의 적극적인 聲援에 힘입어 ≪孟子集註≫의 出刊에 이어 本書를 내놓음으로써 四書集註의 完譯이라는 成果를 거두게 되었다.

본인은 이번 本書를 譯刊함에 있어 특별히 깊은 感懷를 억누를 길이 없다. 일찍이 가정에서 四書와 詩·書를 섭렵하고, 18세 때인 1962년 봄 益山에 가서 月谷 黃璟淵先生의 門下에서 受學하게 되었다. 이때 先生은 躐等의 病弊를 深懲하여 ≪大學≫을 2년 가까이 再讀시켰으며, ≪中庸≫을 敎誨하시던 중 宿患으로 別世하시어, 애석하게도 ≪中庸≫을 끝마치지 못하고 말았다. 그러나 본인은 이 시절의 修學을 계기로 體系化된 性理學의 대강을 다소나마 눈뜨게 되었다. 오로지 漢學者를 만들어 우리의 傳統文化를 계승시키겠다는 일념으로 世人의 嘲笑와 挽留를 不顧하고 負笈從師시키신 先親과 才誠이 不足한 本人을 정성껏 引導해 주신 先師의 深恩에 다시 한번 옷깃여미며 敬意를 표한다.

原稿整理가 끝날 무렵 李鎔賢氏를 통해서 入手된 日本學者의 譯書인 四書集註를 접하고, 그 정확한 典據提示와 詳細한 注釋에 다시금 그들의 眞摯한 學問姿勢에 고개를 숙였으며, 粗雜하기 이를데 없는 우리의 현실에 羞愧와 慨歎을 금치 못하였다. 시간관계상 많은 資料를 參考하지 못하였고, 참고한 자료들도 體裁가 相異하여 다 受容하지 못하였음이 못내 한스러우며, 학문의 진전을 기다려 연구성격의 四書整理를 다시 한번 試圖해 보고자 한다.

끝으로 본서가 初學者들의 教習에 다소나마 보탬이 된다면 더 큰 다행이 없겠으며, 四書集註 完譯을 위하여 心血을 기울이신 傳統文化研究會 安炳周會長님과 李啓晃副會長님, 본서의 校正을 도와주신 李鍾德學兄과 朴勝珠孃, 金謐均君, 咸明淑孃의 勞苦에 깊이 감사드린다.

辛未年 新春에 昌山 成百曉는 洌上의 觀一軒에서 삼가 쓰다.

四書集註 개정증보판을 내면서

그동안 벌러왔던 개정증보판을 이제야 내게 되었다. 四書集註 가운데 《論語集註》는 원래 原稿 作成에 문제가 있었고, 또 本人이 飜譯에 從事한 지 日淺할 뿐더러 첫 번째로 번역에 착수한 까닭에 체계가 잡히지 않아 통일성이 부족하였는데, 이번 개정증보판에서는 이러한 것들이 다소 바로 잡혔을 것으로 기대한다. 또한 先輩와 讀者들의 지적에 따라 經文의 懸吐를 상당수 官本諺解대로 還元하였다. 토씨가 다르면 經文을 암송하는데 지장을 준다는 지적 때문이다. 그리고 譯註를 상당수 補完하였는 바, 朴壺山(朴文鎬)의 四書詳說을 주로 參考하였다. 또한 集註에서 明道 程顥와 伊川 程頤를 구분하지 않고 모두 程子曰로 표기한 것과 尹氏와 謝氏 등 姓氏만 밝히고 人名을 밝히지 않은 것을 臺灣 學生書局에서 간행한 《朱子四書集註典據考》에 의거하여 괄호 안에 이름을 밝혀주었는데 程子曰은 四書詳說도 함께 參考하였다. 그러나 未詳인 것은 (?)표를 하였다. 물론 誤謬가 없지 않을 것이나 이렇게 일일이 人名을 밝혀준 것은 本人이 어려서 集註를 읽을 적에 이 분들이 과연 누구인지 궁금하였던 경험이 있었기 때문이다.

本 四書集註의 懸吐 기준을 밝히면 다음과 같다.

1. 주격 조사인 ' ㅣ'는 諺解에서 앞 음절이 母音으로 끝났을 경우에 다는 토씨인데, 本書에서는 일체 사용하지 않았다. 그 이유는 橫書로 된 책에 이를 표시할 경우 주격 조사임이 제대로 드러나지 못할 뿐더러 글자와 글자 사이를 가로막는 듯한 인상을 주기 때문이다. '닐새' 등의 토씨 역시 '일새'로 통일하였다.

1. 연속을 나타내는 '이요'와 의문사의 뒤에 붙는 '리오' 또는 '오'는 원래 諺解에는 모두 '오'로 되어 있으나 혼동될 우려가 있으므로, 의문사 뒤에는 그대로 '오'를 사용하였고 연속을 나타내는 경우에는 '이요' 또는 '요'를 사용하였다.

1. 官本諺解에는 주어 다음에 '이' 토를 자주 붙여 쉼표 역할을 하였으나 이 또한 상

당수 삭제하였다. 단 蘧伯玉, 叔孫武叔 등 두 字 이상이고 앞 음절이 자음으로 끝 난 경우에는 그대로 표기하여 聲讀에 편리하게 하였다.

1. 官本諺解에는 則을 접속사로 쓴 경우 현토하지 않고 대부분 그대로 연결하였으나 본서에서는 句讀의 원칙을 따라 則 앞에 '이면' '이어든' 등의 토씨를 달았다.

1. 官本諺解에는 助詞中 '而'는 연결하고 '以'는 뗀 경우가 많으나 中國本은 이와 반대 로 '以'는 연결하고 '而'를 뗀 경우가 많은데, 본서에서는 두 가지를 折衷하였다.

1. '然後'는 中國本에는 '然後' 앞에서 句를 떼었으나 官本諺解에는 이렇게 하지 않 고 '然後에'로 현토하여 앞 句와 연결하였는 바, 이 경우에는 대체로 官本諺解 를 따랐다.

1. 官本諺解와 栗谷諺解에는 여러 王을 모두 높여 '하신대' '하시니'로 존칭하였으나 모두 '한대' '하니'로 통일하였다. 옛날 君主主義시대에는 王을 모두 임금님으로 존칭하였으나 지금은 그렇게 하지 않기 때문이다. 단 堯·舜·禹·湯·文·武 등 의 聖君에게는 그대로 존칭을 사용하였다.

1. 官本諺解에는 문장을 '…하며 …하며 …하고'로 묶은 경우가 많으나 본서에서는 '…하고 …하고 …하며'로 묶어 現代 語法에 맞게 하였다.

속담에 10년이면 江山도 변한다고 하였는데, 본인이 처음 《論語集註》를 譯註한 지 도 어언 15개 星霜이 지났다. 멋모르고 經書飜譯을 시작한 이래 誤譯도 있었지만 自習 에 도움을 준다는 讀者들의 激勵도 적지 않았다. 처음 생각에는 한 십년 지나면 漢文實 力이 크게 向上되고 學問的 成果도 어느 정도 기대할 수 있을 것이라고 自負했었다. 그 러나 막상 개정증보판을 내려고 보니, 그새 15년의 세월이 흘러 還甲의 나이가 되었건 만 별반 進展이 없어 自愧의 마음을 금할 수 없다. 또한 朱子의 集註를 따르다 보니, 異說을 다 受容할 수가 없었다. 이 점 讀者들에게 양해를 구하며 先輩 諸賢과 讀者들의 정성어린 鞭撻과 指摘을 眞心으로 기대하는 바이다. 끝으로 懸吐를 修正해 준 李相奎 學兄과 全作業을 도맡아 준 朴勝珠研究員의 勞苦를 치하하며, 또한 《孟子》의 校正을 맡아준 姜大杰·朴宰永 君과 《論語》·《中庸》·《大學》의 校正을 맡아준 河雲 夏·이라나 두 분에게도 깊은 感謝의 말씀 드린다.

西曆 2005年 乙酉 3月 日에 成百曉는 觀一軒에서 쓰다.

凡 例

1. 本書는 東洋古典國譯叢書의 한 책이다.
2. 本書는 內閣本(成大 大東文化研究院 影印本, 1965)을 國譯底本으로 하고, 中國 中華書局의 ≪四書章句集注≫와 日本의 漢文大系本 및 壺山 朴文鎬의 ≪大學・中庸集註詳說≫과 臺灣 學生書局의 ≪朱子四書集註典據考≫ 등을 참고하였다.
3. 原文 理解의 도움을 위하여 懸吐하였다.
   本文의 吐는 官本諺解의 吐를 위주로 하고 栗谷의 四書諺解를 참고하였으며, 다만 필요에 따라 調整하였다.
   集註의 吐는 艮齋(田愚)의 手澤本을 참고하여 譯註者가 새로이 懸吐하였다.
4. 飜譯은 原義에 充實하게 하여 原典講讀에 도움이 되도록 하고, 一般人의 敎養에도 便宜하게 하였다.
5. 譯註는 중요한 出典이나 이해하기 어려운 文脈과 內閣本의 誤脫字를 대상으로 하였고, 原文의 難解字는 字義를 下段에 실었다.
6. 본문의 誤字, 假借字, 衍文 등은 다음 부호를 사용하였다.
   誤字의 例 : 在親〔新〕民
   假借字의 例 : 於戲(嗚呼) 前王不妄
   衍 文 : (此謂知本)
7. 原文 中 本文과 集註는 活字의 大小로 구분하고 飜譯文도 이에 따랐다.
8. 各篇의 章數는 아라비아 숫자로 표시하였다.
9. 本書의 이해를 돕고자 古本大學을 揷入하고 朱子年譜를 附錄하였다.
10. 本書의 使用 부호는 다음과 같다.
    “ ” : 引用을 표시   ‘ ’ : 재인용, 강조를 표시
    ≪ ≫ : 書名   〈 〉 : 篇章節명, 작품명, 보충
    〔 〕 : 原文 倂記, 원문의 誤字에 대한 正字
    ( ) : 한자의 음, 통용자, 간단한 주석, 원문의 假借字나 俗字에 대한 正字

目　次

大學章句

中庸章句

大學章句

大學章句序

大學之書는 古之大(太)學에 所以敎人之法也라 蓋自天降生民으로 則旣莫不與之以 仁義禮智之性矣언마는 然이나 其氣質之禀이 或不能齊라 是以로 不能皆有以知其性 之所有而全之也라 一有聰明睿智能盡其性者 出於其間이면 則天必命之하사 以爲億 兆之君師하여 使之治而敎之하여 以復其性케하시니 此는 伏羲, 神農, 黃帝, 堯, 舜 所 以繼天立極이요 而司徒之職과 典樂之官을 所由設也라

《大學》의 책은 옛날 太學에서 사람을 가르치던 법이다. 하늘이 生民(사람)을 내림 으로부터 이미 仁義禮智의 性을 賦與하지 않음이 없건마는 그 氣質을 받은 것이 혹 똑 같지 못하다. 이 때문에 모두 그 本性의 所有함을 알아 온전히 함이 있지 못한 것이다. 한 사람이라도 聰明하고 叡智하여 능히 그 本性을 다한 자가 그 사이에 나오면 하늘이 반드시 그에게 명하시어 억조 만백성의 군주와 스승으로 삼아 그로 하여금 백성을 다 스리고 가르쳐서 그(백성) 本性을 회복하게 하시니, 이는 伏羲·神農·黃帝·堯·舜이 하늘의 뜻을 이어 極(법칙)을 세우고 司徒의 직책과 典樂의 벼슬을 설치한 이유이다.

三代之隆에 其法이 寝備하니 然後에 王宮國都로 以及閭巷히 莫不有學하여 人生八歲 어든 則自王公以下로 至於庶人之子弟히 皆入小學하여 而敎之以灑掃應對進退之節 과 禮樂射御書數之文하고 及其十有五年이어든 則自天子之元子衆子로 以至公卿大 夫元士之適(嫡)子와 與凡民之俊秀히 皆入大學하여 而敎之以窮理正心修己治人之 道하니 此又學校之敎에 大小之節이 所以分也라

三代의 융성했을 때에 그 법이 점점 갖추어졌으니, 그러한 뒤에 王宮과 國都로부터 閭巷(시골 마을)에 이르기까지 學校가 있지 않은 곳이 없어 사람이 태어나 8세가 되면

降:내릴 강 與:줄 여 禀:받을 품 齊:가지런할 제 睿:밝을 예 兆:억조 조 義:복희 희
徒:무리 도 寝:점점 침 閭:마을 려 巷:골목 항 灑:물뿌릴 쇄 掃:쓸 소 御:말몰 어
適:맏아들 적(嫡通)

王公으로부터 아래로 庶人의 子弟에 이르기까지 모두 小學校에 들어가게 해서 이들에게 물 뿌리고 청소하며 응하고 대답하며 나아가고 물러가는 예절과 禮·樂·射·御·書·數의 文을 가르치고, 15세에 이르면 天子의 元子·衆子로부터 公·卿·大夫·元士의 嫡子와 일반 백성의 俊秀한 자에 이르기까지 모두 太學에 들어가게 해서 이들에게 이치를 궁구하고 마음을 바루며 몸을 닦고 남을 다스리는 道(방법)를 가르쳤으니, 이는 또 學校의 가르침에 크고 작은 절차가 나누어진 이유이다.

夫以學校之設이 其廣이 如此하고 敎之之術이 其次第節目之詳이 又如此로되 而其所以爲敎는 則又皆本之人君躬行心得之餘요 不待求之民生日用彝倫之外라 是以로 當世之人이 無不學하고 其學焉者 無不有以知其性分之所固有와 職分之所當爲[1]하여 而各俛焉以盡其力하니 此古昔盛時에 所以治隆於上하고 俗美於下하여 而非後世之所能及也라

學校의 설치가 그 넓음이 이와 같고 가르치는 방법이 그 차례와 節目의 상세함이 또 이와 같았으나 그 가르치는 所以는 또 모두 人君이 몸소 행하고 마음에 얻은 나머지(결과)에 근본하고 民生이 일상생활하는 彝倫의 밖에서 구하기를 기다리지 않는다(구할 필요가 없다). 그러므로 당세 사람들이 배우지 않은 이가 없었고, 배운 자들은 그 性分에 固有한 바와 職分에 當然한 바를 알아서 각기 힘써 그 힘을 다하지 않음이 없었으니, 이는 옛날 융성할 때에 정치가 위에서 높고 풍속이 아래에서 아름다워서 後世에 능히 따를 수 있는 바가 아닌 所以이다.

譯註 1. 性分之所固有 職分之所當爲 : 性分은 仁·義·禮·智·信의 本性을 이르는 바 이것은 태어날 때부터 이미 固有한 것이며, 職分은 자식이 되어서는 마땅히 효도하여야 하고 신하가 되어서는 마땅히 충성하여야 하는 道理를 이르는 바 이것은 인간이 당연히 행해야 할 직분인 것이다.

及周之衰하여 賢聖之君이 不作하고 學校之政이 不修하여 敎化陵夷하고 風俗頹敗하니 時則有若孔子之聖이사도 而不得君師之位하여 以行其政敎하시니 於是에 獨取先王之法하여 誦而傳之하여 以詔後世하시니 若曲禮, 少儀, 內則(칙), 弟子職諸篇은 固小學之支流餘裔[1]요 而此篇者는 則因小學之成功하여 以著大學之明法하니 外有以極其規模

躬:몸 궁　彝:떳떳할 이　俛:힘쓸 면　昔:옛 석　作:일어날 작　陵:언덕 릉　夷:평평할 이
頹:무너질 퇴　詔:가르칠 조　支:가지 지(枝通)　裔:옷자락 예

之大하고 而內有以盡其節目之詳者也[2]라 三千之徒 蓋莫不聞其說이언마는 而曾氏之傳이 獨得其宗일새 於是에 作爲傳義하여 以發其意러시니 及孟子沒而其傳泯焉하니 則其書雖存이나 而知者鮮矣라

周나라가 쇠함에 이르러 어질고 聖스러운 君主가 나오지 않고 學校의 정사가 닦이지 않아서 敎化가 陵夷(침체)하고 風俗이 무너지니, 이 때에는 孔子 같은 聖人이 계셔도 군주와 스승의 지위를 얻어 정사와 가르침을 행할 수가 없었다. 이에 홀로(다만) 先王의 法을 취하여 외워 전해서 後世를 가르치시니, 〈曲禮〉·〈少儀〉·〈內則〉·〈弟子職〉 같은 여러 편은 진실로 小學의 支流와 餘裔이며, 이 책은 小學의 成功을 인하여 大學의 밝은 법을 드러내었으니, 밖으로는 그 規模의 큼을 다함이 있고 안으로는 그 節目의 상세함을 다함이 있다. 3천 명의 門徒가 그 말씀을 듣지 않은 이가 없건마는 曾氏의 전함이 홀로 그 宗統을 얻었다. 이에 傳義를 지어 그 뜻을 발명했었는데 孟子가 별세함에 미쳐 그 전함이 끊기니, 그 책이 비록 남아 있으나 아는 자가 적었다.

譯註 1. 支流餘裔 : 支流는 江의 支流이며 餘裔는 옷의 자락으로 끝의 한 部分을 이른다.
　　　2. 規模之大……節目之詳者也 : 規模의 큼은 大學의 三綱領을 가리키고 節目의 상세함은 八條目을 가리킨 것이다.

自是以來로 俗儒記誦詞章之習이 其功倍於小學而無用하고 異端虛無寂滅之敎[1] 其高過於大學而無實하고 其他權謀術數一切以就功名之說과 與夫百家衆技之流 所以惑世誣民하여 充塞仁義者 又紛然雜出乎其間하여 使其君子로 不幸而不得聞大道之要하고 其小人으로 不幸而不得蒙至治之澤하여 晦盲否塞(비색)하고 反覆沈痼[2]하여 以及五季之衰而壞亂極矣라

이로부터 이후로 俗儒들의 記誦(기억하고 외움)과 詞章(文章)의 익힘이 그 공부가 小學보다 배가 되었으나 쓸모가 없었고, 異端의 虛無寂滅의 가르침이 그 〈이론의〉 높음이 大學보다 더하였으나 실제가 없었으며, 기타 權謀術數로서 일체 功名을 이루는 학설과 百家 衆技의 부류들이 세상을 혹하게 하고 백성을 속여 仁義를 막는 자들이 또 紛紛하게 그 사이에 섞여 나왔다. 그리하여 君子(위정자)로 하여금 불행히도 大道의

曾:일찍 증　泯:없어질 민　鮮:적을 선　記:기억할 기　詞:말씀 사　寂:고요할 적　就:이룰 취　惑:혹할 혹　誣:속일 무　塞:막을 색　紛:어지러울 분　蒙:입을 몽　晦:그믐 회　盲:봉사 맹　否:숨막힐 비　沈:잠길 침　痼:고질 고　壞:무너질 괴

要諦를 얻어 듣지 못하게 하고 小人(백성)으로 하여금 불행히도 至治의 혜택을 얻어 입지 못하게 하여, 晦盲하고 否塞하며 反覆하고 沈痼하여 五季의 쇠함에 이르러 무너지고 혼란함이 지극하였다.

譯註 1. 異端虛無寂滅之敎 : 虛無는 無爲自然을 주장하는 老莊思想을 이르고, 寂滅은 인간의 모든 存在를 幻으로 보는 佛敎를 가리킨 것이다.

2. 晦盲否塞 反覆沈痼 : 晦는 달이 없는 그믐밤이고 盲은 눈이 없어 보지 못하는 봉사이며, 否는 숨이 막히는 것이고 塞은 냇물이 막힘을 이른다. 反覆은 反復과 같은 말로 자꾸 되풀이하여 더욱 심한 것이며, 沈은 물 속에 가라앉아 떠오르지 못하는 것이고 痼는 병이 더욱 깊어져 치료할 수 없는 것으로, 이는 모두 道學이 밝혀지지 못하여 세상이 더욱 어두워지고 혼란에 빠졌음을 뜻한다.

天運이 循環하여 無往不復일새 宋德이 隆盛하여 治敎休明하시니 於是에 河南程氏兩夫子出하사 而有以接乎孟氏之傳이라 實始尊信此篇而表章之하시고 旣又爲之次其簡編하여 發其歸趣하시니 然後에 古者大學敎人之法과 聖經賢傳之指가 粲然復明於世하니 雖以熹之不敏으로도 亦幸私淑而與(예)有聞焉호라 顧其爲書 猶頗放失일새 是以로 忘其固陋하고 采而輯之하며 間亦竊附己意하여 補其闕略하고 以俟後之君子하노니 極知僭踰無所逃罪어니와 然이나 於國家化民成俗之意와 學者修己治人之方엔 則未必無小補云이니라

淳熙己酉[1]二月甲子에 新安朱熹는 序하노라

天運이 循環하여 가면 돌아오지 않음이 없기에 宋나라의 德이 융성하여 정치와 교육이 아름답고 밝았다. 이에 河南程氏 두 夫子(明道·伊川)가 나오시어 孟氏의 전통을 접함이 있었다. 그리하여 실로 처음 이 책을 높이고 믿어 表章하시고 이미 또 이를 위하여 그 簡編을 차례하여 歸趣를 밝히시니, 이렇게 한 뒤에야 옛날 太學에서 사람을 가르치던 방법과 聖經賢傳의 뜻이 찬란하게 다시 세상에 밝아지니, 비록 나(熹)의 不敏함으로도 또한 다행히 私淑하여 참여해서 들음이 있었노라. 다만 그 책이 아직도 佚失됨이 많기 때문에 그러므로 그 固陋함을 잊고 뽑아 모았으며, 사이에 또한

循:따를 순 環:돌 환 休:아름다울 휴 程:공부 정 章:드러낼 장 趣:뜻 취 指:뜻 지 粲:찬란할 찬 熹:밝을 희 敏:민첩할 민 淑:착할 숙 與:참여할 예(預通) 顧:다만 고, 돌아볼 고 頗:자못 파 放:잃을 방 采:채집할 채 輯:모을 집 竊:몰래 절 闕:빠질 궐 俟:기다릴 사 僭:참람할 참 踰:넘을 유

나의 의견을 붙여 闕略(빠진 부분)을 보충하고 後世의 君子를 기다리노니, 참람하고 주제넘어 죄를 피할 수 없음을 지극히 잘 알고 있으나 國家의 백성을 교화하고 풍속을 이루려는 뜻과 배우는 자들의 몸을 닦고 남을 다스리는 방법에 있어서는 다소의 도움이 없지 않을 것이다.

淳熙 己酉 2月 甲子日에 新安 朱熹는 序하다.

譯註 1. 淳熙己酉 : 淳熙는 南宋 孝宗의 연호이며 己酉는 孝宗 16년(1189)으로 이 해에 孝宗이 죽고 光宗이 즉위하였다.

英祖大王 御製

夫三代盛時에 設庠序學校而教人하니 此正禮記所云 家有塾, 黨有庠, 州有序, 國有
學者也라 故로 人生八歲어든 皆入小學하고 於大學엔 則天子之元子衆子로 以至公卿
大夫元士之適子와 與凡民之俊秀者히 及其成童이면 皆入焉하니 可不重歟아

　三代의 융성했을 때에 庠·序·學·校를 설치하여 사람을 가르쳤으니, 이는 바로
《禮記》〈學記〉에 이른바 '25家에는 塾(글방)이 있고 黨에는 庠이 있고 州에는 序가
있고 國都에는 學(太學)이 있다.'는 것이다. 그러므로 사람이 태어나 8세가 되면 모
두 小學에 들어가고 太學에서는 天子의 元子와 衆子로부터 公·卿·大夫·元士의 嫡
子와 일반 백성 중의 俊秀한 자에 이르기까지 成童이 되면 모두 들어갔으니, 신중히
하지 않을 수 있겠는가.

大學之書 有三綱焉하니 曰明明德, 曰新民, 曰止於至善也요 有八條焉하니 曰格物,
曰致知, 曰誠意, 曰正心, 曰修身, 曰齊家, 曰治國, 曰平天下也니 次序井井하고 條
理方方이라 其學問之道를 紫陽朱夫子序文에 詳備하니 以予蔑學으로 何敢加一辭리오
然이나 是書 與中庸으로 相爲表裏하여 次序條理 若是瞭然이어늘 而學者其猶書自書,
我自我하니 可勝歎哉아

　《大學》 책에는 三綱領이 있으니 明明德·新民·止於至善이요, 八條目이 있으니 格
物·致知·誠意·正心·修身·齊家·治國·平天下인 바, 次序가 질서정연하고 條理가
방정하다. 그 학문하는 방법을 紫陽 朱夫子의 序文에 자세히 구비하였으니, 학문이 없
는 나로서 어찌 한 마디 말을 덧붙이겠는가. 그러나 이 책이 《中庸》과 더불어 서로
表裏가 되어서 次序와 條理가 이와 같이 분명하나 배우는 자들이 오히려 책은 책대로
이고 자신은 자신대로이니, 한탄스러움을 이루 다 말할 수 있겠는가.

庠:학교 상　塾:글방 숙　井:조리있을 정　方:바를 방　紫:자줏빛 자　蔑:없을 멸　瞭:밝을 료

噫라 明德은 在何오 卽在我一心하고 明明德之工은 在何오 亦在我一心하니 若能實下
工夫를 正若顏子所云 舜何人余何人者也어늘 而三代以後로 師道在下하고 學校不興
하여 莫能行灑掃之敎라 故로 筋骸已强하고 利欲交中하여 在我之明德을 不能自明이라
旣不能格致하니 又何以誠意며 旣不能正心하니 又何以修身이리오 不能格致하고 不能
誠正하니 家齊國治를 其何望哉아 其何望哉아

아! 明德은 어디에 있는가? 바로 나의 한 마음에 있고, 明德을 밝히는 공부는 또한
어디에 있는가? 또한 나의 한 마음에 있다. 그러하니 실제로 공부를 하기를 바로 顏子
가 말씀한 바 '舜임금은 어떠한 사람이며, 나는 어떠한 사람인가?'라는 것과 같이 해야
하는데, 三代 이후로 師道가 아래에 있고 學校가 부흥하지 못해서 물 뿌리고 청소하는
小學의 가르침을 행하지 못하였다. 그러므로 힘줄과 뼈가 이미 굳어지고 利慾이 마음
속에 사귀어서 자신에게 있는 明德을 스스로 밝히지 못하였다. 이미 格物・致知를 못
하였으니 또 어떻게 誠意를 하며, 이미 正心을 못하였으니 또 어떻게 修身을 하겠는가.
格物・致知를 못하고 誠意・正心을 못하였으니, 집안이 가지런해지고 나라가 다스려짐
을 어찌 바랄 수 있겠는가.

予於十九歲에 始讀大學하고 二十九歲入學也에 又講此書로되 而自顧其行에 其亦書
自我自하니 心常恧焉이라 六十三에 視學明倫堂也할새 先讀序文하고 仍令侍講官及
儒生으로 次第以講하니 其日은 卽甲子也라 與朱夫子作序文之日로 偶然相符라 日雖
相符나 功效愈邈하니 尤切覥然이라 望七之年에 因追慕行三講할새 而欲取反約하여
以中庸으로 循環以講하고 因經筵官之請하여 繼講此書하니 自此以後로 庸學을 將輪
回以講이로라

나는 19세에 처음 ≪大學≫을 읽었고, 29세에 入學했을 때에 또 이 책을 講하였으
나 스스로 그 행실을 돌아보면 또한 책은 책대로이고 나 자신은 자신대로이니, 마음에
항상 부끄러워하였다. 63세에 明倫堂을 시찰할 적에 먼저 序文을 읽었고 인하여 侍講
官과 儒生들로 하여금 차례로 講하게 하였으니, 그 날이 바로 甲子日이어서 朱夫子가
序文을 지으신 날과 우연히 서로 맞았다. 날짜는 비록 서로 맞으나 공효는 더욱 아득히

噫:한숨쉴 희　灑:물뿌릴 쇄　掃:쓸 소　筋:힘줄 근　骸:뼈 해　恧:부끄러울 뉵　符:들어맞
을 부　愈:더욱 유　邈:멀 막　覥:부끄러워할 전　反:돌이킬 반　約:요약할 약　筵:자리 연
輪:번갈아 륜

머니, 부끄러운 마음이 더더욱 간절하였다.

望七의 나이에 추모함으로 인하여 세 번 강할 적에 자기 몸에 돌이켜 요약하는 공부를 취하고자 해서 ≪中庸≫을 순환하여 강하고 經筵官의 요청에 따라 이 책을 뒤이어 강하였으니, 이 뒤로부터는 ≪中庸≫과 ≪大學≫을 장차 돌려가며 강하려 한다.

少時講此에 未見其效하니 暮年重講에 其何望效리오 尤爲慨然者는 紫陽序文에 豈不云乎아 一有能盡其性者면 天必命之하사 以爲億兆之君師라하시니 以予晩學凉德으로 旣無誠正之工하고 亦無修齊之效하고 而白首衰耗에 三講此書하니 豈不自恧乎아 然이나 孔聖云 溫故而知新이라하시니 若能因此而知新이면 於予에 豈不大有益也哉아 仍作序文하여 自勉靈臺하노라 歲戊寅十月甲寅에 序하노라

젊어서 이 책을 강하였을 적에도 효험을 보지 못하였으니, 노년에 다시 강함에 어찌 효험을 바라겠는가. 더욱 서글픈 것은 紫陽(朱子)의 序文에 말씀하지 않았는가. '한 사람이라도 그 本性을 다한 자가 있으면 하늘이 반드시 그에게 명하여 억조 만백성의 군주와 스승으로 삼는다.' 하였으니, 나는 늦게 배우고 德이 부족한 자로서 이미 誠意·正心의 공부가 없고 또한 修身·齊家의 효험이 없으며 白頭에 노쇠하여 이 책을 세 번 강하니, 어찌 스스로 부끄럽지 않겠는가.

그러나 孔子께서 말씀하시기를 "옛것을 익혀 잊지 않고 새것을 알라." 하셨으니, 만약 이로 인하여 새로운 것을 안다면 나에게 어찌 크게 유익하지 않겠는가. 인하여 序文을 지어서 스스로 내 마음을 다짐하노라.

무인년(1758 영조34) 10월 甲寅日에 序文을 쓰다.

凉:얇을 량 耗:덜 모

讀大學法

朱子曰 語孟은 隨事問答하여 難見要領이어니와 惟大學은 是曾子述孔子說古人爲學之
大方이요 而門人이 又傳述以明其旨라 前後相因하고 體統都具하니 翫(玩)味此書하여 知
得古人爲學所向하고 却讀語孟하면 便易入이니 後面工夫雖多나 而大體已立矣니라

　朱子가 말씀하였다.

　"≪論語≫와 ≪孟子≫는 일에 따라 問答하여 要領을 보기가 어렵지만 오직 ≪大學≫
은 孔子께서 옛 사람들이 學問하던 큰 방법을 말씀하신 것을 曾子가 記述하였고 門人
들이 또 傳述하여 그 뜻을 밝혔다. 그리하여 앞뒤가 서로 因하고 體統이 모두 갖추어졌
으니, 이 책을 玩味하여 옛 사람이 學問함에 향했던 바를 알고 ≪論語≫와 ≪孟子≫를
읽으면 곧 들어가기가 쉬우니, 後面에 해야 할 工夫가 비록 많으나 大體는 이미 서게
된다."

看這一書 又自與看語孟不同하니 語孟中엔 只一項事 是一箇道理라 如孟子說仁義
處엔 只就仁義上說道理하고 孔子答顏淵以克己復禮엔 只就克己復禮上說道理어니와
若大學은 却只統說이라 論其功用之極이 至於平天下라 然이나 天下所以平은 却先須
治國이요 國之所以治는 却先須齊家요 家之所以齊는 却先須修身이요 身之所以修는
却先須正心이요 心之所以正은 却先須誠意요 意之所以誠은 却先須致知요 知之所以
至는 却先須格物이니라
○ 大學은 是爲學綱目이니 先讀大學하여 立定綱領하면 他書는 皆雜說在裏許라 通得
大學了하고 去看他經이라야 方見得此是格物致知事며 此是誠意正心事며 此是修身
事며 此是齊家治國平天下事니라

　이 한 책을 보는 것은 또 본래 ≪論語≫와 ≪孟子≫를 보는 것과는 같지 않으니, ≪論
語≫와 ≪孟子≫는 다만 한 가지 일이 하나의 道理일 뿐이다. 예를 들면 孟子께서 仁義

翫:즐길 완　這:이것 저　却:도리어 각　裏:속 리

를 말씀하신 부분에는 다만 仁義上에 나아가 道理를 말씀하였고, 孔子께서 顔淵에게 克己復禮로써 답하신 것에는 다만 克己復禮上에 나아가 道理를 말씀하셨을 뿐이다. 그러나 《大學》으로 말하면 다만 통합하여 말씀하였으니, 그 功用의 지극함을 논한 것이 天下를 平함에 이른다. 그러나 천하가 평하게 되는 것은 먼저 모름지기 나라를 다스려야 하고, 나라가 다스려지는 것은 먼저 모름지기 집안을 가지런히 하여야 하고, 집안이 가지런해지는 것은 먼저 모름지기 몸을 닦아야 하고, 몸이 닦이는 것은 먼저 모름지기 마음을 바루어야 하고, 마음이 바루어지는 것은 먼저 모름지기 뜻을 성실히 하여야 하고, 뜻이 성실해지는 것은 먼저 모름지기 知識을 지극히 하여야 하고, 지식이 지극해지는 것은 먼저 모름지기 事物의 이치를 궁구하여야 한다.

○ 《大學》은 학문을 하는 綱目이니, 먼저 《大學》을 읽어서 綱領을 세우면 다른 책은 모두 이것저것 말하여 이 속에 들어 있다. 《大學》을 통달하고 다른 經書를 보아야 비로소 이것이 格物·致知의 일이며 이것이 誠意·正心의 일이며 이것이 修身의 일이며 이것이 齊家·治國·平天下의 일임을 보게 될 것이다.

今且熟讀大學하여 作間架하고 却以他書塡補去하라
○ 大學은 是通言學之初終이요 中庸은 是指本原極致處니라
○ 問欲專看一書인댄 以何爲先이니잇고 日 先讀大學하면 可見古人爲學首末次第하니 不比他書라 他書는 非一時所言이요 非一人所記니라

이제 우선 《大學》을 익숙히 읽어 間架(빈칸)을 만들고 다른 책으로 메워 가도록 하라.

○ 《大學》은 學問의 처음과 끝을 통틀어 말하였고, 《中庸》은 이 本原의 지극한 부분을 지시하였다.

○ 혹자가 묻기를 "오로지 한 책을 보고자 하는데 무엇을 우선으로 삼아야 합니까?" 하자, 朱子가 말씀하였다. "먼저 《大學》을 읽으면 옛 사람들이 學問을 한 시작과 끝의 차례를 볼 수 있으니, 다른 책에 비할 바가 아니다. 다른 책은 한 때에 말씀한 것이 아니요, 한 사람이 기록한 것이 아니다."

又曰 看大學엔 固是著(착)逐句看去나 也須先統讀傳文敎熟이라야 方好從頭仔細看이니 若專不識傳文大意하면 便看前頭亦難이니라

架:시렁 가 塡:메울 전 也:또 야 敎:하여금 교 仔:자세할 자

또 말씀하였다.

"≪大學≫을 볼 때에는 진실로 글귀마다 보아가야 하나 또 모름지기 먼저 傳文을 統讀하여 익숙하게 하고 나서야 비로소 처음부터 자세히 보는 것이 좋으니, 만일 傳文의 大意를 전혀 모른다면 앞부분을 보는 것도 또한 어려울 것이다."

又曰 嘗欲作一說하여 敎人只將大學하여 一日去讀一遍하여 看他如何是大人之學이며 如何是小學이며 如何是明明德이며 如何是新民이며 如何是止於至善고하여 日日如是讀하여 月來日去면 自見所謂溫故而知新이니라 須是知新이라 日日看得新이라야 方得이니 却不是道理解新이요 但自家這箇意思 長長地新이니라

또 말씀하였다.

"내 일찍이 한 말을 지어 사람들로 하여금 다만 ≪大學≫을 가지고 하루에 한 차례씩 읽어 저 어떤 것이 大人의 學問이며 어떤 것이 小學이며, 어떤 것이 明明德이며 어떤 것이 新民이며 어떤 것이 止於至善인가를 보아서, 날마다 이와 같이 읽어 달이 가고 날이 가면 스스로 이른바 '溫故而知新'이라는 것을 보게 될 것이다. 모름지기 새로운 것을 알아서 날마다 새로운 것을 보아야 비로소 될 것이니, 이는 道理가 새로워지는 것이 아니요, 다만 자신의 意思가 자라나 새로워지는 것이다."

讀大學에 初間에 也只如此讀이요 後來에 也只如此讀이로되 只是初間讀得엔 似不與自家相關이라가 後來看熟하면 見許多說話 須著(착)如此做요 不如此做自不得이니라
○ 讀書에 不可貪多하니 當且以大學爲先하여 逐段熟讀精思하여 須令了了分明이라야 方可改讀後段하되 看第二段에 却思量前段하여 令文意連屬이 却不妨이니라

≪大學≫을 읽을 때에는 처음에도 다만 이와 같이 읽고 나중에도 다만 이와 같이 읽되 다만 처음 읽을 때에는 자기와 상관이 없는 듯하다가 나중에 익숙히 보면 허다한 말씀이 모름지기 이와 같이 工夫해야 하고, 이와 같이 工夫하지 않으면 안됨을 보게 될 것이다.

○ 책을 읽을 적에는 많음을 탐해서는 안되니, 마땅히 우선 ≪大學≫으로 우선을 삼아 단락마다 익숙히 읽고 정밀하게 생각하여 모름지기 了了하여 分明하게 하고나서야 비로소 뒷단락을 바꾸어 읽되 두 번째 단락을 볼 때에 앞단락을 생각하여 글 뜻이 연결

遍:두루 편(변) 做:지을 주 逐:쫓을 축 段:조각 단 屬:연결할 촉

되게 함이 無妨하다.

問大學稍通에 方要讀論語한대 曰 且未可하니 大學稍通이면 正好著(착)心精讀이니라
前日讀時엔 見得前하고 未見得後面하며 見得後하고 未見得前面이러니 今識得大綱體
統이면 正好熟看이니 讀此書功深이면 則用博이니라 昔에 尹和靖이 見伊川半年에 方得
大學西銘看이러니 今人은 半年에 要讀多少書로다 某且要人讀此는 是如何오 緣此書
却不多而規模周備일새니라 凡讀書에 初一項에 須著十分工夫了면 第二項엔 只費得
八九分工夫요 第三項엔 便只費得六七分工夫라 少間讀漸多하면 自通貫이니 他書는
自著不得多工夫니라

　혹자가 묻기를 "≪大學≫을 조금 통함에 바야흐로 ≪論語≫를 읽으려고 합니다."
하자, 朱子가 말씀하였다. "불가하니, ≪大學≫을 조금 통하였으면 바로 마음을 붙
여 精讀함이 좋다. 前日에 읽을 때에는 전면만 보고 후면은 보지 못하며 후면만 보
고 전면은 보지 못하였는데, 이제 大綱과 體統을 알았으면 익숙히 읽는 것이 참으로
좋다. 이 책을 읽어 功力이 깊어지면 쓰임이 넓을 것이다. 옛날에 尹和靖은 伊川을
뵌 지 반년 만에 비로소 ≪大學≫과 ≪西銘≫을 볼 수 있었는데, 지금 사람들은 반
년 동안에 많은 책을 읽으려 한다. 내가 우선 이 책을 읽으라고 하는 것은 어째서인
가? 이 책은 분량이 많지 않으면서도 規模가 두루 완비되었기 때문이다. 무릇 책을
읽을 적에 첫 번째 1項엔 모름지기 10分의 工夫를 하여야 하니, 이렇게 하면 제 2
項에는 다만 8, 9分의 工夫를 쓰면 되고, 제 3項에는 다만 6, 7分의 工夫를 쓰면 된
다. 한동안 읽기를 점점 많이 하면 저절로 貫通할 것이니, 다른 책은 자연히 많은 工
夫를 하지 않아도 된다."

看大學에 俟見大指하여 乃及他書니라 但看時에 須是更(갱)將大段하여 分作小段하여
字字句句를 不可容易放過요 常時暗誦默思하여 反覆研究하여 未上口時엔 須敎上口
하고 未通透時엔 須敎通透하고 已通透後엔 便要純熟하여 直待不思索時에도 此意常在
心胸之間하여 驅遣不去라야 方是此一段了하고 又換一段看이니 令如此數段之後엔 心
安理熟하여 覺工夫省(생)力時에 便漸得力也리라

稍:조금 초　著:붙일 착　靖:고요할 정　緣:인연할 연　漸:점점 점　默:잠잠할 묵　透:통할
투　胸:가슴 흉　驅:몰 구　遣:보낼 견

○ ≪大學≫을 볼 때에는 大旨를 보기를 기다려 다른 책에 미쳐야 한다. 다만 볼 때에 모름지기 다시 큰 段落을 가지고 나누어 작은 段落으로 만들어서 字字句句를 容易하게 지나쳐 버리지 말 것이요, 항시 암송하고 묵묵히 생각하여 반복해서 연구하여야 한다. 그리하여 아직 입에 오르지 않았을 때에는 모름지기 입에 오르게 하고, 아직 通透하지 않았을 때에는 모름지기 통투하게 하고, 이미 통투한 뒤에는 純熟하기를 요하여 思索하지 않을 때에도 이 뜻이 항상 마음과 가슴 사이에 있어서 쫓아 내어도 나가지 않기를 기다려서야 바야흐로 이 한 단락을 마치고 또 한 단락을 바꾸어 보아야 할 것이니, 이와 같이 하기를 몇 단락을 한 뒤에는 마음이 편안하고 이치가 익숙해져서 工夫에 힘이 덜 드는 것을 느낄 때에 곧 점점 得力하게 될 것이다.

又曰 大學은 是一箇腔子니 而今却要塡敎他實〔著〕이라 如他說格物엔 自家須是去格物後塡敎他實著이요 誠意亦然이니 若只讀得空殼子하면 亦無益也니라
○ 讀大學이 豈在看他言語리오 正欲驗之於心如何니 如好好色, 惡惡臭를 試驗之吾心하여 果能好善惡惡如此乎아 閒居爲不善이 是果有此乎아하여 一有不至어든 則勇猛奮躍不已라야 必有長進이니라 今不知如此하면 則書自書, 我自我니 何益之有리오

또 말씀하였다.
"≪大學≫은 하나의 腔子(빈칸)이니, 지금에 이것을 메워 꽉 차게 하여야 한다. 예컨대 저 格物을 말한 것에는 자신이 모름지기 格物한 뒤에 메워 꽉 차게 하고, 誠意를 할 때에도 또한 이렇게 하여야 한다. 만일 빈 껍데기만을 읽는다면 또한 유익함이 없다."
○ ≪大學≫을 읽는 것이 어찌 그 言語를 봄에 있겠는가. 바로 이 마음에 어떠한가를 징험하여야 하니, 마치 好色(아름다운 여색)을 좋아하듯이 하고 惡臭를 미워하듯이 함을 내 마음 속에 시험해서 과연 善을 좋아하고 惡을 미워함을 이와 같이 하는가, 한가히 거처할 때에 不善을 함이 과연 이러한 것이 나에게도 있는가 하여, 조금이라도 지극하지 못함이 있으면 용맹하게 분발하고 뛰어 일어나 그치지 않아야 반드시 큰 進展이 있는 것이다. 이제 이와 같이 할 줄을 알지 못하면 책은 책대로이고 나는 나대로일 것이니, 무슨 유익함이 있겠는가.

又曰 某一生에 只看得這文字透하여 見得前賢所未到處로라 溫公이 作通鑑하고 言 平

腔:창자 강　塡:메울 전　殼:껍질 각　奮:떨칠 분　躍:뛸 약　已:그칠 이

生精力이 盡在此書라하더니 某於大學에 亦然하노니 先須通此라야 方可讀他書니라

또 말씀하였다.

"나는 一生에 오직 이 文字(大學의 글)만을 보아 通透하여 前賢들이 미쳐 보지 못하신 것을 보았노라. 司馬溫公(司馬光)이 ≪資治通鑑≫을 짓고 '平生의 精力이 모두 이 책에 있다.' 하였는데, 나도 ≪大學≫에 있어 또한 그러하다. 먼저 모름지기 이 책을 통달하여야 비로소 다른 책을 읽을 수 있다."

又曰 伊川이 舊日敎人에 先看大學하시니 那時엔 未解說이러니 而今有註解하여 覺大段分曉了하니 只在仔細看이니라

또 말씀하였다.

"伊川이 옛날 사람을 가르치실 적에 제일 먼저 ≪大學≫을 보게 하셨으니, 그 때에는 解說이 없었는데 지금에는 註解가 있어 대단히 분명함을 느끼니, 다만 자세히 봄에 달려 있다."

又曰 看大學엔 且逐章理會하여 先將本文念得하고 次將章句來解本文하고 又將或問來參章句니라 須逐一令記得하여 反覆尋究하여 待他浹洽하여 旣逐段曉得이어든 却統看溫尋過니라

또 말씀하였다.

"≪大學≫을 볼 때에는 우선 章마다 하나하나 理會(理解)하여 먼저 本文을 가지고 생각하여 알고, 다음에는 章句를 가지고 本文을 해석하고, 또다시 或問을 가지고 章句를 參考하여야 한다. 그리하여 모름지기 하나하나 기억하여 반복해서 찾고 연구하되 무젖기를 기다려 이미 단락마다 깨우쳤으면 다시 통합하여 보아 찾아야 한다."

又曰 大學一書는 有正經하고 有章句하고 有或問하니 看來看去면 不用或問하고 只看章句便了요 久之면 又只看正經便了요 又久之면 自有一部大學이 在我胸中하여 而正經亦不用矣리라 然이나 不用某許多工夫면 亦看某底不出이요 不用聖賢許多工夫면 亦看聖賢底不出이니라

또 말씀하였다.

那:저것 나 曉:밝을 효 尋:찾을 심 浹:무젖을 협 洽:무젖을 흡 底:어조사 저

"≪大學≫ 한 책에는 正經이 있고 章句가 있고 或問이 있으니, 보아가고 보아오면 或問을 사용하지 않고 다만 章句만 보아도 곧 될 것이요, 오래하면 또 다만 正經만 보면 될 것이요, 또 오래하면 자연히 한 권의 ≪大學≫이 자신의 가슴속에 있어서 正經 또한 필요없게 될 것이다. 그러나 나의 허다한 공부를 쓰지 않는다면 또한 나를 보는 것이 되지 못할 것이요, 聖賢의 허다한 工夫를 쓰지 않는다면 또한 聖賢을 보는 것이 되지 못할 것이다."

又曰 大學解本文未詳者를 於或問中에 詳之하니 且從頭逐句理會하여 到不通處어든 却看하라 或問은 乃註脚之註脚이니라
○ 某解書에 不合太多일새 又先准(準)備學者하여 爲他設疑說了하니 所以致得學者看得容易了니라

또 말씀하였다.
"≪大學≫에 本文을 해석한 것이 상세하지 못한 것을 或問에서 상세히 말하였으니, 우선 처음부터 글귀마다 理會하여 통달하지 못하는 곳에 이르거든 〈或問을〉 보라. 或問은 바로 註脚의 註脚이다."

○ 내(朱子)가 글을 해석함에 너무 많이 하는 것이 마땅하지 않으므로 또 우선 배우는 자들을 대비하여 疑問을 假設해서 설명하였으니, 이는 배우는 자들이 봄에 容易하게 하려고 해서이다.

人只說某說大學等不略說하여 使人自致思라하니 此事大不然이라 人之爲學이 只爭箇肯與不肯耳니 他若不肯向這裏면 略亦不解致思요 他若肯向此一邊이면 自然有味하여 愈詳愈有味하리라

사람들은 다만 '내가 ≪大學≫ 등을 해석함에 간략히 설명하지 아니하여 사람들로 하여금 스스로 생각을 다하도록 하지 않았다.'고 말하는데, 이 일은 절대로 그렇지 않다. 사람들이 學問을 하는 것은 오직 즐겨하는가 즐겨하지 않는가를 따질 뿐이니, 저들이 만일 이(學問) 속으로 향하기를 즐겨하지 않는다면 간략해도 또한 생각을 다할 줄 모를 것이요, 저들이 만일 이 한 쪽으로 향하기를 즐겨한다면 자연 재미가 있어 더욱 상세할수록 너욱 재미가 있을 것이다.

脚:다리 각　准:헤아릴 준　肯:즐길 긍　愈:더욱 유

大學章句

子程子[1]曰 大學은 孔氏之遺書니 而初學入德之門也라 於今에 可見古人爲學次第者
는 獨賴此篇之存이요 而論孟次之하니 學者必由是而學焉이면 則庶乎其不差矣리라

子程子가 말씀하였다.

"≪大學≫은 孔氏의 남긴 글이니, 처음 배우는 자가 德에 들어가는 문이다. 지금에
옛 사람들이 學問을 한 순서를 볼 수 있는 것은 유독 이 篇이 남아 있음을 의뢰하고
≪論語≫와 ≪孟子≫가 그 다음이 되니, 배우는 자가 반드시 이로 말미암아 배우면
거의 틀리지 않을 것이다."

譯註 1. 子程子 : 程子를 더욱 높여 칭한 것으로, 明道와 伊川을 구분하지 않고 똑같이
程子라 하였으며, 여기서는 특별히 높여 이렇게 칭하였는 바, 이 내용은 ≪二程
粹言≫과 ≪程氏遺書≫를 혼합한 것이다.

1. 大學之道는 在明明德하며 在親(新)民하며 在止於至善이니라

≪大學≫의 道(방법)는 明德을 밝힘에 있으며 백성을 새롭게 함에 있으며 至
善에 그침에 있다.

程子曰 親은 當作新이라
○ 大學者는 大人之學也라 明은 明之也라 明德者는 人之所得乎天而虛靈不昧하여
以具衆理而應萬事者也라 但爲氣稟所拘와 人欲所蔽면 則有時而昏이라 然이나 其本
體之明은 則有未嘗息者라 故로 學者當因其所發而遂明之하여 以復其初也라 新者는
革其舊之謂也니 言 旣自明其明德이면 又當推以及人하여 使之亦有以去其舊染之汚
也라 止者는 必至於是而不遷之意요 至善은 則事理當然之極也라 言 明明德, 新民을
皆當止於至善之地而不遷이니 蓋必其有以盡夫天理之極이요 而無一毫人欲之私也

遺:남길 유 賴:의뢰할 뢰 庶:거의 서 差:어그러질 차 革:고칠 혁 染:물들 염 毫:터럭 호

라 此三者는 大學之綱領也라

程子(伊川)가 말씀하였다. "親은 마땅히 新이 되어야 한다."

○ 大學은 大人(큰 사람)의 학문이다. 明은 밝힘이다. 明德은 사람이 하늘에서 얻은 바, 虛靈하고 어둡지 않아서 衆理를 갖추고 萬事에 응하는 것이다. 다만 氣稟에 구애된 바와 人慾에 가리운 바가 되면 어두울 때가 있으나 그 本體의 밝음은 일찍이 쉰 적이 없다. 그러므로 배우는 자가 마땅히 그 發하는 바를 인하여 마침내 밝혀서 그 처음을 회복하는 것이다. 新은 옛 것을 고침을 이르니, 이미 스스로 그 明德을 밝혔으면 또 마땅히 미루어 남에게까지 미쳐서 그로 하여금 또한 옛날에 물들었던 더러운 것을 제거함이 있게 함을 말한다. 止는 반드시 이에 이르러 옮기지 않는 뜻이요, 至善은 事理의 當然한 極(극치, 표준)이다. 이는 明明德과 新民을 모두 마땅히 至善의 경지에 그쳐서 옮기지 않음을 말한 것이니, 반드시 天理의 極을 다하고 一毫라도 人慾의 사사로움이 없는 것이다.

이 세 가지는 ≪大學≫의 綱領이다.

知止而后에 有定이니 定而后에 能靜하고 靜而后에 能安하고 安而后에 能慮하고 慮而后에 能得이니라

그칠 데를 안 뒤에 定함이 있으니, 定한 뒤에 능히 고요하고 고요한 뒤에 능히 편안하고 편안한 뒤에 능히 생각하고 생각한 뒤에 능히 얻는다.

止者는 所當止之地니 即至善之所在也니 知之면 則志有定向이라 靜은 謂心不妄動이요 安은 謂所處而安이요 慮는 謂處事精詳이요 得은 謂得其所止라

止는 마땅히 그쳐야 할 곳이니, 바로 至善이 있는 곳이다. 이것을 안다면 뜻이 定한 방향이 있을 것이다. 靜은 마음이 망령되이 동하지 않음을 이르고, 安은 처한 바에 편안함을 이르고, 慮는 일을 처리하기를 정밀하고 상세히 함을 이르고, 得은 그 그칠 바를 얻음을 이른다.

物有本末하고 事有終始하니 知所先後면 則近道矣리라

后:뒤 후 慮:생각할 려 妄:망령될 망

물건에는 本과 末이 있고 일에는 終과 始가 있으니, 먼저 하고 뒤에 할 것을 알면 道에 가까울 것이다.

明德爲本이요 新民爲末이며 知止爲始요 能得爲終이니 本始는 所先이요 末終은 所後라 此는 結上文兩節之意니라

明德은 本이 되고 新民은 末이 되며, 知止는 始가 되고 能得은 終이 되니, 本과 始는 먼저 해야 할 것이요, 末과 終은 뒤에 해야 할 것이다.

이는 윗글 두 節의 뜻을 맺은 것이다.

古之欲明明德於天下者는 先治其國하고 欲治其國者는 先齊其家하고 欲齊其家者는 先修其身하고 欲修其身者는 先正其心하고 欲正其心者는 先誠其意하고 欲誠其意者는 先致其知하니 致知는 在格物하니라

옛날에 明德을 천하에 밝히고자 하는 자는 먼저 그 나라를 다스리고, 그 나라를 다스리고자 하는 자는 먼저 그 집안을 가지런히 하고, 그 집안을 가지런히 하고자 하는 자는 먼저 그 몸을 닦고, 그 몸을 닦고자 하는 자는 먼저 그 마음을 바루고, 그 마음을 바루고자 하는 자는 먼저 그 뜻(생각)을 성실히 하고, 그 뜻을 성실히 하고자 하는 자는 먼저 그 知識을 지극히 하였으니, 지식을 지극히 함은 사물의 이치를 궁구함에 있다.

明明德於天下者는 使天下之人으로 皆有以明其明德也라 心者는 身之所主也라 誠은 實也요 意者는 心之所發也니 實其心之所發하여 欲其必自慊而無自欺也라 致는 推極也요 知는 猶識也니 推極吾之知識하여 欲其所知無不盡也라 格은 至也요 物은 猶事也니 窮至事物之理하여 欲其極處無不到也라 此八者는 大學之條目也라

明德을 천하에 밝힌다는 것은 천하 사람으로 하여금 모두 그 明德을 밝힘이 있게 하는 것이다. 心은 몸의 주재자이다. 誠은 성실함이요 意는 마음의 發하는 바이니, 그 마음의 發하는 바를 성실히 하여 반드시 스스로 만족하고 스스로 속임이 없고자 하는 것

慊:만족할 겸 到:이를 도

이다. 致는 미루어 지극히 함이요 知는 識과 같으니, 나의 知識을 미루어 지극히 하여 아는 바가 다하지 않음이 없고자 하는 것이다. 格은 이름이요 物은 事와 같으니, 사물의 이치를 궁구하여 그 極處가 이르지 않음이 없고자 하는 것이다.

이 여덟 가지는 ≪大學≫의 條目이다.

物格而后에 知至하고 知至而后에 意誠하고 意誠而后에 心正하고 心正而后에 身修하고 身修而后에 家齊하고 家齊而后에 國治하고 國治而后에 天下平이니라

사물의 이치가 이른 뒤에 지식이 지극해지고, 지식이 지극해진 뒤에 뜻이 성실해지고, 뜻이 성실해진 뒤에 마음이 바루어지고, 마음이 바루어진 뒤에 몸이 닦이고, 몸이 닦인 뒤에 집안이 가지런해지고, 집안이 가지런해진 뒤에 나라가 다스려지고, 나라가 다스려진 뒤에 천하가 平해진다(고르게 된다).

物格者는 物理之極處 無不到也요 知至者는 吾心之所知 無不盡也라 知旣盡이면 則意可得而實矣요 意旣實이면 則心可得而正矣라 修身以上은 明明德之事也요 齊家以下는 新民之事也라 物格知至는 則知所止矣요 意誠以下는 則皆得所止之序也라

物格은 物理의 지극한 곳이 이르지 않음이 없는 것이요, 知至는 내 마음의 아는 바가 극진하지 않음이 없는 것이다. 지식이 이미 극진해지면 뜻이 성실해질 수 있고, 뜻이 이미 성실해지면 마음이 바루어질 수 있다. 修身 이상은 明明德의 일이요, 齊家 이하는 新民의 일이다. 物格과 知至는 그칠 바를 아는 것이요, 意誠 이하는 모두 그칠 바를 얻는 차례이다.

自天子로 以至於庶人히 壹是皆以修身爲本이니라

天子로부터 庶人에 이르기까지 일체 모두 修身을 근본으로 삼는다.

壹是는 一切(체)也라 正心以上은 皆所以修身也요 齊家以下는 則擧此而措之耳라

壹是는 일체이다. 正心 이상은 모두 修身하는 것이고, 齊家 이하는 이것을 들어 둘

切:온통 체 措:둘 조

뿐이다.

其本이 亂而末治者 否矣며 其所厚者에 薄이요 而其所薄者에 厚는 未之有也니라

 그 근본이 어지럽고서 지엽이 다스려지는 자는 없으며, 후하게 할 것에 박하게 하고서 박하게 할 것에 후하게 하는 자는 있지 않다.

本은 謂身也요 所厚는 謂家也라 此兩節은 結上文兩節之意니라

 本은 몸을 이르고 후히 할 것은 집안을 이른다.
 이 두 節은 윗글 두 節의 뜻을 맺은 것이다.

右는 經一章이니 蓋孔子之言을 而曾子述之하시고 其傳十章은 則曾子之意를 而門人記之也라 舊本에 頗有錯簡일새 今因程子所定하고 而更考經文하여 別爲序次如左하노라

 이상은 經文 1章이니, 孔子께서 말씀하신 것을 曾子가 記述하셨고, 傳文 10章은 曾子의 뜻을 門人이 기록한 것이다. 舊本(옛 책)에 자못 錯簡이 있으므로 이제 程子께서 정한 것을 따르고 다시 經文을 상고하여 별도로 차례를 만들기를 아래와 같이 하였다.

凡傳文이 雜引經傳하여 若無統紀라 然이나 文理接續하고 血脈貫通하여 深淺始終이 至爲精密하니 熟讀詳味하면 久當見之일새 今不盡釋也하노라

 모든 傳文은 經傳을 섞어 인용하여 統紀(條理)가 없는 듯하다. 그러나 文理가 이어지고 血脈이 관통하여 깊고 얕음과 始와 終이 지극히 정밀하니, 익숙히 읽고 자세히 음미하면 오래됨에 마땅히 알 수 있을 것이므로 이제 다 해석하지 않는다.

1. 康誥曰 克明德이라하며

否:아닐 부 厚:두터울 후 薄:엷을 박 頗:자못 파 錯:잘못될 착 脈:맥 맥 誥:가르칠
고 克:능할 극

〈康誥〉에 이르기를 "능히 德을 밝힌다." 하였으며,

康誥는 周書[1]라 克은 能也라

〈康誥〉는 周書이다. 克은 能함이다.

譯註 1. 周書 : 周나라 글이라는 뜻으로 ≪書經≫의 한 분류이다. 書經은 虞·夏·商·周
　　　　네 王朝의 글이 수록되어 있으므로 〈虞書〉, 〈夏書〉, 〈商書〉, 〈周書〉로 구분하였다.

太甲曰 顧諟天之明命이라하며

〈太甲〉에 이르기를 "이 하늘의 明命을 돌아본다." 하였으며,

太甲은 商書라 顧는 謂常目在之也라 諟는 猶此也니 或曰 審也라 天之明命은 卽天之
所以與我하여 而我之所以爲德者也니 常目在之면 則無時不明矣리라

〈太甲〉은 商書이다. 顧는 항상 눈이 거기에 있음을 이른다. 諟는 此와 같으니, 혹은
살피는 것이라고 한다. 하늘의 明命은 바로 하늘이 나에게 주어서 내가 德으로 삼은 것
이니, 항상 눈이 여기에 있으면 때마다 밝지 않음이 없을 것이다.

帝典曰 克明峻德이라하니

〈堯典〉에 이르기를 "능히 큰 德을 밝힌다." 하였으니,

帝典은 堯典이니 虞書라 峻은 大也라

帝典은 〈堯典〉이니 〈虞書〉이다. 峻은 큼이다.

皆自明也니라

모두 스스로 밝히는 것이다.

結所引書 皆言自明己德之意니라

인용한 바의 글이 모두 스스로 자신의 德을 밝히는 뜻을 말했음을 맺은 것이다.

顧:돌아볼 고 諟:이 시, 살필 시 審:살필 심 峻:높을 준 虞:나라이름 우

右는 傳之首章이니 釋明明德하니라

　이상은 傳文의 首章이니, 明明德을 해석하였다.

此通下三章至止於信하여 舊本에 誤在沒世不忘之下하니라

　이로부터 아래 3章의 '止於信'까지 통틀어 舊本에 잘못되어 '沒世不忘'의 아래에 있었다.

2. 湯之盤銘曰 苟日新이어든 日日新하고 又日新이라하며

　湯王의 盤銘에 이르기를 "진실로 어느 날에 새로워졌거든 나날이 새롭게 하고 또 날로 새롭게 하라." 하였으며,

盤은 沐浴之盤也요 銘은 名其器以自警之辭也라 苟는 誠也라 湯이 以人之洗濯其心以去惡이 如沐浴其身以去垢라 故로 銘其盤이라 言 誠能一日에 有以滌其舊染之汚而自新이면 則當因其已新者하여 而日日新之하고 又日新之하여 不可略有間斷也니라

　盤은 목욕하는 그릇이요, 銘은 그 그릇(기물)에 글을 새겨 스스로 경계하는 말이다. 苟는 진실로이다. 湯王은 사람이 그 마음을 깨끗이 씻어서 惡을 제거하는 것이 마치 그 몸을 목욕하여 때를 제거하는 것과 같다고 여겼다. 그러므로 그 그릇에 銘한 것이다. 진실로 하루(어느 날)에 그 옛날에 물든 더러운 것을 씻어 스스로 새로워짐이 있으면 마땅히 이미 새로워진 것을 인하여 나날이 새롭게 하고 또 날로 새롭게 하여 조금이라도 間斷함이 있어서는 안됨을 말씀한 것이다.

康誥曰 作新民이라하며

　〈康誥〉에 이르기를 "새로워지는 백성을 振作하라." 하였으며,

鼓之舞之之謂作이니 言 振起其自新之民也라

　북치고 춤추게 하는 것을 作이라고 이르니, 스스로 새로워지는 백성을 振作함을 말

沒:없어질 몰　盤:대야 반　銘:새길 명　苟:진실로 구　洗:씻을 세　濯:씻을 탁　垢:때문을 구　滌:씻을 척　鼓:북칠 고　舞:춤출 무　振:떨칠 진

한 것이다.

詩曰 周雖舊邦이나 其命維新이라하니

≪詩經≫에 이르기를 "周나라가 비록 옛 나라이지만 그 命이 새롭다." 하였으니,

詩는 大雅文王之篇이라 言 周國雖舊나 至於文王하여 能新其德以及於民하여 而始受天命也라

詩는 〈大雅 文王篇〉이다. 周나라가 비록 옛 나라이지만 文王에 이르러 능히 그 德을 새롭게 하여 백성에게까지 미쳐서 비로소 天命을 받았음을 말한 것이다.

是故로 君子는 無所不用其極이니라

이러므로 君子는 그 極을 쓰지 않는 바가 없는 것이다.

自新. 新民을 皆欲止於至善也라

自新과 新民을 다 至善에 그치게 하고자 하는 것이다.

右는 傳之二章이니 釋新民하니라

이상은 傳文의 2章이니, 新民을 해석하였다.

3. 詩云 邦畿千里여 惟民所止라하니라

≪詩經≫에 이르기를 "나라의 畿內 千里여, 백성들이 멈추어 사는 곳이다." 하였다.

詩는 商頌玄鳥之篇이라 邦畿는 王者之都也요 止는 居也니 言 物各有所當止之處也라

詩는 〈商頌 玄鳥篇〉이다. 邦畿는 王者의 都邑이요 止는 거함이니, 물건은 각각 마땅히 그쳐야 할 곳이 있음을 말한 것이다.

邦:나라 방   畿:지경 기   玄:검을 현

詩云 緡蠻黃鳥여 止于丘隅라하여늘 子曰 於止에 知其所止로소니 可以人而不如鳥乎아하시니라

≪詩經≫에 이르기를 "緡蠻히 우는 黃鳥여, 丘隅에 멈춰 있다." 하였는데, 孔子께서 말씀하시기를 "그침에 있어 그 그칠 곳을 아니, 사람으로서 새만 못해서야 되겠는가." 하셨다.

詩는 小雅緡蠻之篇이라 緡蠻은 鳥聲이라 丘隅는 岑蔚之處라 子曰以下는 孔子說詩之辭니 言人當知所當止之處也라

詩는 〈小雅 緡蠻篇〉이다. 緡蠻은 새 울음소리이다. 丘隅는 산이 깊고 숲이 울창한 곳이다. '子曰' 이하는 孔子께서 ≪詩經≫을 해석한 말씀이니, 사람이 마땅히 그쳐야 할 곳을 알아야 함을 말씀한 것이다.

詩云 穆穆文王이여 於(오)緝熙敬止라하니 爲人君엔 止於仁하시고 爲人臣엔 止於敬하시고 爲人子엔 止於孝하시고 爲人父엔 止於慈하시고 與國人交엔 止於信이러시다

≪詩經≫에 이르기를 "穆穆하신 文王이여, 아! 계속하여 밝혀서 공경하여 그쳤다." 하였으니, 人君이 되어서는 仁에 그치시고, 人臣이 되어서는 敬에 그치시고, 人子가 되어서는 孝에 그치시고, 人父가 되어서는 慈에 그치시고, 國人과 더불어 사귐엔 信에 그치셨다.

詩는 文王之篇이라 穆穆은 深遠之意라 於는 歎美辭라 緝은 繼續也요 熙는 光明也라 敬止는 言其無不敬而安所止也라 引此而言 聖人之止가 無非至善이로되 五者는 乃其目之大者也라 學者於此에 究其精微之蘊하고 而又推類以盡其餘하면 則於天下之事에 皆有以知其所止而無疑矣리라

緡:새소리 면　蠻:새소리 만　隅:모퉁이 우　岑:산봉우리 잠　蔚:무성할 울　穆:깊을 목
於:감탄할 오　緝:계속할 집　熙:빛날 희　蘊:쌓일 온

詩는 〈文王篇〉이다. 穆穆은 深遠한 뜻이다. 於는 감탄하는 말이다. 緝은 계속함이요, 熙는 광명함이다. 敬止는 공경하지 않음이 없어서 그치는 바에 편안함을 말한다. 이것을 인용하여 聖人의 그침이 至善 아님이 없으나 다섯 가지는 바로 그 條目의 큰 것임을 말씀하였다. 배우는 자가 이에 대하여 그 精微함의 깊은 것을 연구하고 또 類推하여 그 나머지를 다한다면 天下의 일에 대하여 모두 그 그칠 데를 알아 의심함이 없을 것이다.

詩云 瞻彼淇澳(욱)혼대 菉竹猗猗로다 有斐君子여 如切如磋하며 如琢如磨로다 瑟兮僩兮며 赫兮喧兮니 有斐君子여 終不可諠兮라하니 如切如磋者는 道學也요 如琢如磨者는 自修也요 瑟兮僩兮者는 恂慄也요 赫兮喧兮者는 威儀也요 有斐君子終不可諠兮者는 道盛德至善을 民之不能忘也니라

≪詩經≫에 이르기를 "저 淇水 모퉁이를 보니 푸른 대나무가 무성하도다. 문채나는 君子여. 잘라놓은 듯하고 간 듯하며 쪼아놓은 듯하고 간 듯하다. 엄밀하고 굳세며 빛나고 점잖으니, 문채나는 君子여. 끝내 잊을 수 없다." 하였으니, 如切如磋는 학문을 말한 것이요, 如琢如磨는 스스로 행실을 닦음이요, 瑟兮僩兮는 마음이 두려워함이요, 赫兮喧兮는 겉으로 드러나는 威儀요, 문채나는 君子여 끝내 잊을 수 없다는 것은 盛德과 至善을 백성이 능히 잊지 못함을 말한 것이다.

詩는 衛風淇澳之篇이라 淇는 水名이요 澳은 隈也라 猗猗는 美盛貌니 興也[1]라 斐는 文貌라 切以刀鋸하고 琢以椎鑿하니 皆裁物使成形質也요 磋以鑢錫하고 磨以沙石하니 皆治物使其滑澤也라 治骨角者는 旣切而復磋之하고 治玉石者는 旣琢而復磨之하니 皆言其治之有緒而益致其精也라 瑟은 嚴密之貌요 僩은 武毅之貌라 赫喧은 宣著盛大之

瞻:볼 첨 淇:물이름 기 澳:모퉁이 욱 菉:푸를 록 猗:야들야들할 의 斐:문채날 비 磋: 갈 차 琢:쪼을 탁 磨:갈 마 瑟:치밀할 슬 僩:굳셀 한 喧:점잖을 훤 諠:잊을 훤 道:말할 도 恂:두려울 준 慄:두려울 률 隈:모퉁이 외 鋸:톱 거 椎:망치 퇴(추) 鑿:끌 착 鑢:줄 려 錫:대패 탕 滑:매끄러울 활 澤:윤택할 택 毅:굳셀 의

貌라 諠은 忘也라 道는 言也라 學은 謂講習討論之事요 自修者는 省察克治之功이라 恂慄은 戰懼也라 威는 可畏也요 儀는 可象也라 引詩而釋之하여 以明明明德者之止於至善이라 道學. 自修는 言其所以得之之由요 恂慄. 威儀는 言其德容表裏之盛이니 卒乃指其實而歎美之也니라

詩는 〈衛風 淇澳篇〉이다. 淇는 물 이름이요, 澳는 모퉁이이다. 猗猗는 아름답고 성한 모양이니, 興이다. 斐는 문채나는 모양이다. 切은 칼과 톱으로 하고 琢은 망치와 끌로 하니 모두 물건을 재단하여 形質을 이루게 하는 것이요, 磋는 줄과 대패로 하고 磨는 모래와 돌로 하니 모두 물건을 다스려 매끄럽고 윤택하게 하는 것이다. 뼈와 뿔을 다스리는 자는 이미 잘라놓고 다시 갈며 玉과 돌을 다스리는 자는 이미 쪼아놓고 다시 가니, 모두 그 다스림에 실마리(頭緖)가 있어 더욱 그 精함을 지극히 함을 말한 것이다. 瑟은 엄밀한 모양이요, 僩은 굳센 모양이다. 赫과 喧은 드러나고 盛大한 모양이다. 諠은 잊음이다. 道는 말함이다. 學은 講習하고 討論하는 일을 이르고, 自修는 省察하고 〈私欲을〉 이겨 다스리는 공부이다. 恂慄은 두려워함이다. 威는 두려울 만함이요, 儀는 본받을 만함이다. 《詩經》을 인용하고 이것을 해석하여 明明德하는 자의 止於至善을 밝힌 것이다. 道學과 自修는 이것을 얻게 된 바의 이유를 말한 것이요, 恂慄과 威儀는 德容의 表裏의 성함을 말한 것이니, 마침내 그 실제를 가리켜 歎美한 것이다.

譯註 1. 興也 : 興은 《詩經》 六義의 하나로, 어떤 일을 詩로 읊을 때에 먼저 다른 사물을 말하여 다음의 글을 일으키는 것을 이른다. 詩의 六義는 風·雅·頌과 興·賦·比의 여섯 가지를 가리키는 바, 風·雅·頌은 詩의 내용과 성질을 말하고, 興·賦·比는 詩의 체제와 서술 방식을 말한다.

詩云 於戱(嗚呼)라 前王不忘이라하니 君子는 賢其賢而親其親[1]하고 小人은 樂其樂而利其利하나니 此以沒世不忘也니라

《詩經》에 이르기를 "아, 前王을 잊지 못한다." 하였으니, 君子는 그(前王의) 어짊을 어질게 여기고 그 친함을 친하게 여기며, 小人은 즐겁게 해 주심을 즐거워하고 이롭게 해 주심을 이롭게 여기니, 이 때문에 세상에 없는데도 잊지 못하는 것이다.

戰:두려울 전 象:본받을 상 戱:감탄할 호 沒:없을 몰

譯註 1. 賢其賢而親其親 : 朱子는 "賢其賢은 그(先王) 德業의 훌륭함을 仰慕하는 것이요, 親其親은 그 覆育(비호해 주고 길러줌)의 은혜를 생각하는 것이다."라고 하였다.

詩는 周頌烈文篇이라 於戲는 歎辭라 前王은 謂文武也라 君子는 謂其後賢後王이요 小人은 謂後民也라 此는 言 前王所以新民者 止於至善하여 能使天下後世로 無一物不得其所하니 所以旣沒世而人思慕之하여 愈久而不忘也라 此兩節은 詠歎淫泆[1]하여 其味深長하니 當熟玩之니라

詩는 〈周頌 烈文篇〉이다. 於戲는 감탄하는 말이다. 前王은 文王·武王을 이른다. 君子는 後賢과 後王을 이르고, 小人은 後民을 이른다. 이는 前王이 백성을 새롭게 한 것이 至善에 그쳐서 능히 天下와 後世로 하여금 한 물건도 제 곳을 얻지 못함이 없게 하였으니, 이 때문에 이미 〈돌아가시어〉 세상에 없는데도 사람들이 그를 思慕하여 더욱 오래도록 잊지 못함을 말한 것이다.

이 두 節은 詠歎하고 淫泆하여 그 맛이 깊고 기니, 마땅히 익숙히 보아야 한다.

譯註 1. 詠歎淫泆 : 詠歎은 詩를 읊조리고 감탄하는 것이고, 淫泆은 원래 음탕함에 빠짐을 이르는 말인데 여기서는 詩의 뜻이 풍부하여 말 밖에 넘침을 뜻하는 바, 이 내용은 ≪禮記≫ 〈樂記〉에 보인다. 이에 대하여 雙峰饒氏(饒魯)는 "詠歎은 그 감탄하는 말을 이른 것이요, 淫泆은 그 의미가 말(글) 밖에 넘침을 이른 것이다." 하였다.

右는 傳之三章이니 釋止於至善하니라

이상은 傳文의 3章이니, 止於至善을 해석하였다.

此章內에 自引淇澳詩以下는 舊本에 誤在誠意章下하니라

이 章 안에 〈淇澳〉 詩를 인용한 데서부터 이하는 舊本에 잘못되어 誠意章 아래에 있었다.

4. 子曰 聽訟이 吾猶人也나 必也使無訟乎[1]인저하시니 無情者 不得盡其辭는 大畏民志니 此謂知本이니라

孔子께서 말씀하시기를 "爭訟을 다스림은 내 남과 같으나 반드시 백성들로 하

淫:넘칠 음   泆:빠질 일   玩:구경할 완   訟:송사 송   猶:같을 유

여금 爭訟함이 없게 하겠다."하셨으니, 實情이 없는 자가 그 거짓말을 다하지 못하는 것은 백성의 마음을 크게 두렵게 하기 때문이니, 이것을 일러 근본을 안다고 하는 것이다.

譯註 1. 子曰……必也使無訟乎 : 이 내용은 ≪論語≫〈顔淵〉13章에 보인다.

猶人은 不異於人也라 情은 實也라 引夫子之言하여 而言 聖人이 能使無實之人으로 不敢盡其虛誕之辭는 蓋我之明德이 旣明하여 自然有以畏服民之心志라 故로 訟不待聽而自無也라 觀於此言이면 可以知本末之先後矣리라

　猶人은 남과 다르지 않은 것이다. 情은 실제이다. 夫子의 말씀을 인용하여 聖人이 능히 實情이 없는 사람으로 하여금 감히 그 虛誕한 말을 다하지 못하게 하는 것은 나의 明德이 이미 밝아져서 자연히 백성들의 心志를 두렵게 하고 복종시킴이 있기 때문이다. 그러므로 쟁송을 다스릴 필요없이 쟁송이 저절로 없어짐을 말한 것이다. 이 말씀을 본다면 本末의 先後를 알 수 있을 것이다.

　右는 傳之四章이니 釋本末하니라

　　이상은 傳文의 4章이니, 本末을 해석하였다.

　此章은 舊本에 誤在止於信下하니라

　　이 章은 舊本에 잘못되어 '止於信' 아래에 있었다.

(此謂知本)

程子曰 衍文也라

　程子(伊川)가 말씀하였다. "衍文이다."

5. 此謂知之至也니라

　이것을 일러 '지식이 지극하다.'는 것이다.

猶:같을 유　誕:허탄할 탄　衍:남을 연

此句之上에 別有闕文이요 此特其結語耳라

이 句의 위에 별도로 빠진 글이 있고, 이것은 다만 맺음말일 뿐이다.

右는 傳之五章이니 蓋釋格物致知之義而今亡矣니라

이상은 傳文의 5章이니, 格物・致知의 뜻을 해석하였는데 지금은 없다.

此章은 舊本에 通下章하여 誤在經文之下하니라

이 章은 舊本에 아랫장을 통틀어 잘못되어 經文의 아래에 있었다.

間嘗竊取程子之意하여 以補之하니 曰 所謂致知在格物者는 言 欲致吾之知인댄 在
卽物而窮其理也라 蓋人心之靈이 莫不有知요 而天下之物이 莫不有理언마는 惟於
理에 有未窮이라 故로 其知有不盡也니 是以로 大學始教에 必使學者로 卽凡天下之
物하여 莫不因其已知之理而益窮之하여 以求至乎其極하나니 至於用力之久하여 而
一旦에 豁然貫通焉이면 則衆物之表裏精粗가 無不到하고 而吾心之全體大用이 無
不明矣리니 此謂物格이며 此謂知之至也니라

　　근간에 내 일찍이 程子의 뜻을 속으로 취하여 빠진 부분을 다음과 같이 보충하였
다. "이른바 '지식을 지극히 함이 사물의 이치를 궁구함에 있다.'는 것은 나의 지식
을 지극히 하고자 한다면 사물에 나아가 그 이치를 궁구함에 있음을 말한 것이다.
人心의 영특함은 앎(지식)이 있지 않음이 없고 천하의 사물은 이치가 있지 않음이
없건마는 다만 이치에 대하여 궁구하지 않음이 있기 때문에 그 앎이 다하지 못함이
있는 것이다. 이 때문에 大學에서 처음 가르칠 때에 반드시 배우는 자들로 하여금
모든 천하의 사물에 나아가서 이미 알고 있는 이치를 인하여 더욱 궁구해서 그 極
에 이름을 구하지 않음이 없게 하는 것이다. 그리하여 힘쓰기를 오래하여 하루 아
침에 豁然히 관통함에 이르면 모든 사물의 表裏와 精粗가 이르지 않음이 없을 것이
요, 내 마음의 全體와 大用이 밝지 않음이 없을 것이니, 이것을 物格이라 이르며 이
것을 知之至라 이른다."

6. 所謂誠其意者는 毋自欺也니 如惡(오)惡臭하며 如好好色이 此

旦:아침 단　豁:넓을 활　粗:거칠 조(추)　毋:말 무　臭:냄새 취　好:좋아할 호, 아름다울 호

之謂自謙(慊)이니 故로 君子는 必愼其獨也니라

이른바 '그 뜻을 성실히 한다.'는 것은 스스로 속이지 마는 것이니, 〈惡을 미워하기를〉 惡臭를 미워하는 것과 같이 하며, 〈善을 좋아하기를〉 好色을 좋아하는 것과 같이 하여야 하니, 이것을 自慊이라 이른다. 그러므로 君子는 반드시 그 홀로를 삼가는 것이다.

誠其意者는 自修之首也라 毋者는 禁止之辭라 自欺云者는 知爲善以去惡이로되 而心之所發이 有未實也라 謙은 快也며 足也라 獨者는 人所不知而己所獨知之地也라 言欲自修者 知爲善以去其惡이어든 則當實用其力하여 而禁止其自欺하여 使其惡惡則如惡惡臭하고 好善則如好好色하여 皆務決去而求必得之하여 以自快足於己요 不可徒苟且以徇外而爲人也라 然이나 其實與不實은 蓋有他人所不及知而己獨知之者라 故로 必謹之於此[1]하여 以審其幾焉이니라

그 뜻을 성실히 하는 것은 自修의 첫 번째이다. 毋는 금지하는 말이다. 自欺는 善을 하고 惡을 제거해야 함을 알지만 마음의 發하는 바가 성실하지 못함이 있는 것이다. 謙은 快함이며 만족함이다. 獨은 남은 알지 못하고 자신만이 홀로 아는 곳이다. 스스로 닦고자 하는 자가 善을 하고 惡을 제거해야 함을 알았으면 마땅히 실제로 그 힘을 써서 自欺함을 금지하여, 가령 惡을 미워함에는 惡臭를 미워하는 것과 같이 하고 善을 좋아함에는 好色을 좋아하는 것과 같이 하여, 모두 힘써 결단하여 버리고 구함에 반드시 얻어서 스스로 자신에게 만족하게 할 것이요, 한갓 구차히 外面을 따라 남을 위해서는 안 되는 것이다. 그러나 그 성실하고 성실하지 못함은 남은 미처 알지 못하고 자신만이 홀로 아는 데 있다. 그러므로 반드시 이것(홀로)을 삼가 그 幾微를 살펴야 함을 말씀한 것이다.

譯註 1. 必謹之於此 : 원문에는 '愼其獨'으로 되어 있으나 宋나라 孝宗의 이름이 眘인데, 眘은 愼의 古字이므로 御諱를 피하여 愼字를 쓰지 않고 '謹'자로 代用한 것이다. 뒤에 보이는 '先愼乎德'을 集註에 '先謹乎德'으로 바꾼 것도 또한 똑같은 이유이다.

小人閒居에 爲不善호되 無所不至하다가 見君子而后에 厭(암)然揜

謙:만족해할 겸(慊通) 徇:따를 순 幾:기미 기 厭:겸연쩍을 암 揜:가릴 엄

其不善하고 而著其善하나니 人之視己 如見其肺肝然[1]이니 則何益矣리오 此謂 誠於中이면 形於外라 故로 君子는 必愼其獨也니라

小人이 한가로이(홀로) 거처할 때에 不善한 짓을 하되 이르지 못하는 바가 (짓이) 없다가 君子를 본 뒤에 겸연쩍게 그 不善함을 가리우고 善함을 드러내나니, 남들이 자기를 보기를 자신의 肺腑를 보듯이 할 것이니, 그렇다면 무슨 유익함이 있겠는가. 이것을 일러 '中心에 성실하면 外面에 나타난다.'고 하는 것이다. 그러므로 君子는 반드시 그 홀로를 삼가는 것이다.

譯註 1. 如見其肺肝然 : 官本諺解에는 '如見其肺肝이니 然則'으로 口訣을 달았으나 栗谷本 등을 참고하여 위와 같이 바로잡았다.

閒居는 獨處也라 厭然은 消沮閉藏之貌라 此는 言 小人이 陰爲不善하고 而陽欲揜之하니 則是非不知善之當爲와 與惡之當去也로되 但不能實用其力以至此耳라 然이나 欲揜其惡而卒不可揜하고 欲詐爲善而卒不可詐하니 則亦何益之有哉리오 此는 君子所以重以爲戒而必謹其獨也니라

閒居는 홀로 거처하는 것이다. 厭然은 消沮(기가 꺾여 위축됨)하여 은폐하고 감추는 모양이다. 이는 小人이 속으로 不善을 하고 겉으로 이것을 감추고자 하는 것이니, 그렇다면 善을 마땅히 해야 함과 惡을 마땅히 제거해야 함을 알지 못하는 것이 아니로되 다만 실제로 그 힘을 쓰지 못하여 이에 이른 것이다. 그러나 그 惡을 가리고자 해도 끝내 가리지 못하고 거짓으로 善을 하고자 해도 끝내 속일 수가 없으니, 그렇다면 또한 무슨 유익함이 있겠는가. 이는 君子가 거듭 경계하여 반드시 그 홀로를 삼가는 까닭을 말씀한 것이다.

曾子曰 十目所視며 十手所指니 其嚴乎인저

曾子께서 말씀하셨다. "열 눈이 보는 바이며 열 손가락이 가리키는 바이니, 그 무섭구나."

引此以明上文之意라 言 雖幽獨之中이라도 而其善惡之不可揜이 如此하니 可畏之

形:나타날 형 消:사라질 소 沮:막힐 저 陰:몰래 음 詐:거짓 사 幽:그윽할 유

甚也니라

　이것을 인용하여 윗글의 뜻을 밝힌 것이다. 비록 幽獨(조용하게 홀로 있음)의 가운데라도 그 善惡의 가릴 수 없음이 이와 같으니, 두려울 만함이 심함을 말씀한 것이다.

富潤屋이요 德潤身이라 心廣體胖하나니 故로 君子는 必誠其意니라

　富는 집을 윤택하게 하고 德은 몸을 윤택하게 하니, 〈善이 있으면〉마음이 넓어지고(여유롭고) 몸이 펴진다. 그러므로 君子는 반드시 그 뜻을 성실히 하는 것이다.

胖은 安舒也라 言 富則能潤屋矣요 德則能潤身矣라 故로 心無愧怍이면 則廣大寬平하여 而體常舒泰하니 德之潤身者然也라 蓋善之實於中而形於外者 如此라 故로 又言 此以結之하니라

　胖은 편안하고 펴짐이다. 富하면 능히 집을 윤택하게 하고 德이 있으면 능히 몸을 윤택하게 한다. 그러므로 〈잘못한 일이 없어〉마음에 부끄러움이 없으면 廣大하고 寬平하여 몸이 항상 펴지고 편안하니, 德이 몸을 윤택하게 함이 그러함을 말한 것이다. 善이 中心에 성실하여 外面에 나타남이 이와 같다. 그러므로 또 이것을 말씀하여 맺은 것이다.

右는 傳之六章이니 釋誠意하니라

　이상은 傳文의 6章이니, 誠意를 해석하였다.

經曰 欲誠其意인댄 先致其知라하고 又曰 知至而后意誠이라하니 蓋心體之明이 有所未盡이면 則其所發이 必有不能實用其力하여 而苟焉以自欺者라 然이나 或已明而不謹乎此하면 則其所明이 又非已有하여 而無以爲進德之基라 故로 此章之指를 必承上章而通考之然後에 有以見其用力之始終이니 其序不可亂而功不可闕이 如此云이라

　經文에 이르기를 "그 뜻을 성실히 하고자 한다면 먼저 그 지식을 지극히 하라." 하였고, 또 말하기를 "지식이 지극한 뒤에 뜻이 성실해진다." 하였으니, 心體의 밝음(지식)이 미진한 바가 있으면 그 발하는 바(뜻, 생각)가 반드시 실제로 그 힘을 쓰

潤:윤택할 윤　胖:펴질 반　舒:펼 서　怍:부끄러울 작　寬:너그러울 관　苟:구차할 구

지 못하여 구차하게 스스로 속임이 있는 것이다. 그러나 혹 이미 밝게 알았다 하더라도 이것을 삼가지 않으면 그 밝힌 것이 또 자신의 소유가 아니어서 德에 나아가는 기초로 삼을 수가 없다. 그러므로 이 章의 뜻을 반드시 윗장을 이어 통틀어 상고한 뒤에야 힘을 쓰는 처음과 끝을 볼 수 있으니, 그 순서를 어지럽힐 수 없고 공부를 빠뜨릴 수 없음이 이와 같다.

7. 所謂修身이 在正其心者는 身〔心〕有所忿懥면 則不得其正하며 有所恐懼면 則不得其正하며 有所好樂(요)면 則不得其正하며 有所憂患이면 則不得其正이니라

이른바 '몸을 닦음이 그 마음을 바룸에 있다.'는 것은 마음에 忿懥하는 바가 있으면 그 바름을 얻지 못하며, 恐懼하는 바가 있으면 그 바름을 얻지 못하며, 좋아하는 바가 있으면 그 바름을 얻지 못하며, 憂患하는 바가 있으면 그 바름을 얻지 못한다.

程子曰 身有之身은 當作心이라
○ 忿懥는 怒也라 蓋是四者는 皆心之用而人所不能無者라 然이나 一有之而不能察하면 則欲動情勝하여 而其用之所行이 或不能不失其正矣리라

程子(伊川)가 말씀하였다. "身有의 身은 마땅히 心이 되어야 한다."
○ 忿懥는 怒함이다. 이 네 가지는 모두 마음의 用이니, 사람이 없을 수 없는 것이다. 그러나 하나라도 이것을 가지고 있으면서 살피지 못하면 욕심이 動하고 情이 치우쳐서 그 用의 행하는 바가 혹 올바름을 잃지 않을 수 없을 것이다.

心不在焉이면 視而不見하며 聽而不聞하며 食而不知其味니라

마음이 있지 않으면 보아도 보이지 않으며, 들어도 들리지 않으며, 먹어도 그 맛을 알지 못한다.

心有不存이면 則無以檢其身이라 是以로 君子必察乎此하여 而敬以直之하니 然後에 此

懥:성낼 치 樂:좋아할 요 作:될 작 檢:검속할 검

心常存하여 而身無不修也니라

　마음이 보전되지 못함이 있으면 그 몸을 檢束할 수가 없다. 이 때문에 君子는 반드시 이를 살펴서 敬하여 마음을 곧게 하니, 그런 뒤에야 이 마음이 항상 보존되어 몸이 닦이지 않음이 없는 것이다.

此謂修身이 在正其心이니라

　이것을 일러 '몸을 닦음이 그 마음을 바름에 있다.'고 하는 것이다.

右는 傳之七章이니 釋正心修身하니라

　이상은 傳文의 7章이니, 正心·修身을 해석하였다.

此亦承上章하여 以起下章이라 蓋意誠이면 則眞無惡而實有善矣니 所以能存是心以檢其身이라 然이나 或但知誠意하고 而不能密察此心之存否면 則又無以直內而修身也라 自此以下는 竝以舊文爲正하노라

　이 또한 윗장을 이어서 아랫장을 일으킨 것이다. 뜻이 성실해지면 참으로 惡이 없고 진실로 善이 있을 것이니, 이 때문에 능히 마음을 보존하여 그 몸을 檢束하는 것이다. 그러나 혹 다만 誠意만을 알고 이 마음의 보존되고 보존되지 않음을 치밀히 살피지 못한다면 또 안을 곧게 하여 몸을 닦을 수가 없다.

　이로부터 이하는 모두 옛글을 옳은 것으로 삼는다.

〔古本大學〕

大學之道 在明明德 在親民 在止於至善 知止而后有定 定而后能靜 靜而后能安 安而后能慮 慮而后能得 物有本末 事有終始 知所先後 則近道矣 古之欲明明德於天下者 先治其國 欲治其國者 先齊其家 欲齊其家者 先修其身 欲修其身者 先正其心

欲正其心者 先誠其意 欲誠其意者 先致其知 致知在格物 物格
而后知至 知至而后意誠 意誠而后心正 心正而后身修 身修而
后家齊 家齊而后國治 國治而后天下平 自天子以至於庶人 壹
是皆以修身爲本 其本亂而末治者否矣 其所厚者薄 而其所薄
者厚 未之有也 (이상 經文 1章) 此謂知本(이상 衍文) 此謂知之至也
(이상 傳文 5章) 所謂誠其意者 毋自欺也 如惡惡臭 如好好色 此
之謂自謙 故君子必愼其獨也 小人閒居爲不善 無所不至 見君
子而后 厭然揜其不善 而著其善 人之視己 如見其肺肝然 則何
益矣 此謂誠於中形於外 故君子必愼其獨也 曾子曰 十目所視
十手所指 其嚴乎 富潤屋 德潤身 心廣體胖 故君子必誠其意(이
상 傳文 6章) 詩云 瞻彼淇澳 菉竹猗猗 有斐君子 如切如磋 如琢
如磨 瑟兮僩兮 赫兮喧兮 有斐君子 終不可諠兮 如切如磋者
道學也 如琢如磨者 自修也 瑟兮僩兮者 恂慄也 赫兮喧兮者
威儀也 有斐君子 終不可諠兮者 道盛德至善 民之不能忘也 詩
云 於戲 前王不忘 君子賢其賢而親其親 小人樂其樂而利其利
此以沒世不忘也(이상 傳文 3章 뒷부분) 康誥曰 克明德 太甲曰 顧
諟天之明命 帝典曰 克明峻德 皆自明也(이상 傳文 1章) 湯之盤銘
曰 苟日新 日日新 又日新 康誥曰 作新民 詩曰 周雖舊邦 其命
維新 是故君子無所不用其極(이상 傳文 2章) 詩云 邦畿千里 惟民
所止 詩云 緡蠻黃鳥 止于丘隅 子曰 於止知其所止 可以人而
不如鳥乎 詩云 穆穆文王 於緝熙敬止 爲人君止於仁 爲人臣止
於敬 爲人子止於孝 爲人父止於慈 與國人交止於信(이상 傳文 3

章) 子曰 聽訟吾猶人也 必也使無訟乎 無情者不得盡其辭 大畏
民志 此謂知本(이상 傳文 4章) 所謂修身在正其心者 身有所忿懥
則不得其正 有所恐懼 則不得其正 有所好樂 則不得其正 有所
憂患 則不得其正 心不在焉 視而不見 聽而不聞 食而不知其味
此謂修身在正其心(이상 傳文 7章)

8. 所謂齊其家 在修其身者는 人이 之其所親愛而辟(僻)焉하며
之其所賤惡(오)而辟焉하며 之其所畏敬而辟焉하며 之其所哀矜而
辟焉하며 之其所敖惰而辟焉하나니 故로 好而知其惡(악)하며 惡(오)
而知其美者 天下에 鮮矣니라

이른바 '그 집안을 가지런히 함이 몸을 닦음에 있다.'는 것은, 사람은 가까이
하고 사랑하는 바에 편벽되며, 천히 여기고 미워하는 바에 편벽되며, 두려워하
고 존경하는 바에 편벽되며, 가엽게 여기고 불쌍히 여기는 바에 편벽되며, 오만
하고 태만히 하는 바에 편벽된다. 그러므로 좋아하면서도 그의 나쁨을 알며 미
워하면서도 그의 아름다움을 아는 자가 천하에 적은 것이다.

人은 謂衆人이라 之는 猶於也요 辟은 猶偏也라 五者在人에 本有當然之則이라 然이나
常人之情은 惟其所向而不加察焉하니 則必陷於一偏하여 而身不修矣니라

人은 衆人을 이른다. 之는 於와 같고 辟은 偏과 같다. 다섯 가지는 사람에게 있어 본
래 當然한 법칙이 있다. 그러나 常人의 情은 오직 향하는 바 대로 하고 살핌을 가하지
않으니, 그렇다면 반드시 한쪽으로 빠져서 몸이 닦이지 않을 것이다.

故로 諺에 有之하니 曰 人이 莫知其子之惡하며 莫知其苗之碩이라하니라

그러므로 속담에 이러한 말이 있으니, "사람들이 자기 자식의 악함을 알지 못

辟:편벽될 벽　矜:불쌍할 긍　敖:거만할 오　偏:치우칠 편　諺:속담 언　苗:싹 묘, 벼이삭 묘

하며 자기 苗의 큼을 알지 못한다." 하였다.

諺은 俗語也라 溺愛者는 不明하고 貪得者는 無厭하니 是則偏之爲害하여 而家之所以 不齊也라

　諺은 속담이다. 사랑에 빠진 자는 밝지 못하고 얻음을 탐하는 자는 만족함이 없으니, 이것은 편벽됨이 해가 되어 집안이 가지런해지지 못하는 것이다.

此謂身不修면 不可以齊其家니라

　이것을 일러 '몸이 닦이지 않으면 그 집안을 가지런히 하지 못한다.'는 것이다.

　右는 傳之八章이니 釋修身齊家하니라

　　이상은 傳文의 8章이니, 修身·齊家를 해석하였다.

9. 所謂治國이 必先齊其家者는 其家를 不可敎요 而能敎人者 無 之라 故로 君子는 不出家而成敎於國하나니 孝者는 所以事君也요 弟者는 所以事長也요 慈者는 所以使衆也니라

　이른바 '나라를 다스림이 반드시 먼저 그 집안을 가지런히 함에 있다.'는 것은 그 집안을 가르치지 못하고 능히 남을 가르치는 자는 없다. 그러므로 君子는 집을 나가지 않고 나라에 가르침을 이루는 것이다. 孝는 군주를 섬기는 것이요, 弟는 長官을 섬기는 것이요, 慈는 여러 백성들을 부리는 것이다.

身修則家可敎矣라 孝弟慈는 所以修身而敎於家者也라 然而國之所以事君事長使 衆之道가 不外乎此하니 此所以家齊於上而敎成於下也라

　몸이 닦이면 집안을 가르칠 수 있다. 孝·弟·慈는 몸을 닦아 집안을 가르치는 것이다. 그러나 국가의 군주를 섬기고 長官을 섬기고 백성을 부리는 바의 道가 여기에서 벗어나지 않으니, 이는 집안이 위에서 가지런해짐에 가르침이 아래에서 이루어지는 것이다.

碩:클 석　溺:빠질 닉　弟:공경 제　外:벗어날 외

康誥曰 如保赤子라하니 心誠求之면 雖不中이나 不遠矣니 未有學
養子而后에 嫁者也니라

〈康誥〉에 이르기를 "赤子를 보호하듯이 한다." 하였으니, 마음에 진실로 구하
면 비록 꼭 맞지는 않으나 멀지 않을 것이다. 자식 기르는 것을 배운 뒤에 시집
가는 자는 있지 않다.

此는 引書而釋之하여 又明立教之本이 不假强爲요 在識其端而推廣之耳니라

이는 《書經》을 인용하고 이것을 해석하여 또 가르침을 세우는 근본이 억지로 함을
빌리지 않고 그 단서를 알아서 미루어 넓힘에 있을 뿐임을 밝힌 것이다.

一家仁이면 一國이 興仁하고 一家讓이면 一國이 興讓하고 一人이 貪
戾하면 一國이 作亂하나니 其機如此하니 此謂一言이 僨事며 一人이
定國이니라

한 집안이 仁하면 한 나라가 仁을 興起하고, 한 집안이 사양하면 한 나라가
사양함을 흥기하고, 한 사람이 탐하고 어그러지면 한 나라가 亂을 일으키니, 그
機(작용)가 이와 같다. 이것을 일러 '한 마디 말이 일을 그르치며 한 사람이 나
라를 안정시킨다.'고 하는 것이다.

一人은 謂君也라 機는 發動所由也라 僨은 覆敗也라 此는 言教成於國之效라

一人은 人君을 이른다. 機는 發動함이 말미암는 것이다. 僨은 전복되고 패함이다. 이
는 가르침이 나라에 이루어지는 효험을 말씀한 것이다.

堯舜이 帥(솔)天下以仁하신대 而民이 從之하고 桀紂帥天下以暴한대
而民이 從之하니 其所令이 反其所好면 而民이 不從하나니 是故로 君

誥:가르칠 고 嫁:시집갈 가 貪:탐할 탐 戾:어그러질 려 僨:전복할 분 覆:뒤엎을 복
帥:거느릴 솔 桀:횃대 걸 紂:고삐 주 暴:사나울 포

子는 有諸己而後에 求諸人하며 無諸己而後에 非諸人하나니 所藏乎身이 不恕요 而能喩諸人者 未之有也니라

堯・舜이 천하를 仁으로써 거느리시자(솔선하시자) 백성들이 그를 따랐고, 桀・紂가 천하를 포악함으로써 거느리자 백성들이 그를 따랐으니, 그 명령하는 바가 자신(君主)이 좋아하는 바와 반대가 되면 백성들이 따르지 않는다. 이러므로 君子는 자기 몸에 善이 있은 뒤에 남에게 善을 요구하며, 자기 몸에 惡이 없은 뒤에 남의 惡을 비난하는 것이다. 자기 몸에 간직하고 있는 것이 恕하지(자신을 미루어 남에게 미치지) 못하면서 능히 남을 깨우치는 자는 있지 않다.

此는 又承上文一人定國而言이라 有善於己然後에 可以責人之善이요 無惡於己然後에 可以正人之惡이니 皆推己以及人이니 所謂恕也라 不如是면 則所令이 反其所好하여 而民不從矣라 喩는 曉也라

이는 또 윗글의 '한 사람이 나라를 안정시킨다.'는 것을 이어서 말씀한 것이다. 자기 몸에 善이 있은 뒤에 남의 善을 責(요구)할 수 있고, 자기 몸에 惡이 없은 뒤에 남의 惡을 바로잡을 수 있다. 이는 모두 자기를 미루어 남에게 미치는 것이니, 이른바 恕라는 것이다. 이와 같이 하지 않으면 그 명령하는 바가 자신이 좋아하는 바와 반대가 되어 백성들이 따르지 않을 것이다. 喩는 깨달음이다.

故로 治國이 在齊其家니라

그러므로 나라를 다스림이 그 집안을 가지런히 함에 있는 것이다.

通結上文이라

윗글을 통틀어 맺은 것이다.

詩云 桃之夭夭여 其葉蓁蓁이로다 之子于歸여 宜其家人이라하니 宜其家人而后에 可以敎國人이니라

喩:깨우칠 유 曉:깨우칠 효 桃:복숭아 도 夭:예쁠 요 蓁:무성할 진 歸:시집갈 귀

≪詩經≫에 이르기를 "복숭아꽃이 곱고 고움이여, 그 잎이 무성하구나. 이 아가씨의 시집감이여, 그 집안 식구에게 마땅(和合)하다." 하였으니, 그 집안 식구에게 마땅한 뒤에 나라 사람들을 가르칠 수 있는 것이다.

詩는 周南桃夭之篇이라 夭夭는 少好貌요 蓁蓁은 美盛貌니 興也라 之子는 猶言是子니 此는 指女子之嫁者而言也라 婦人謂嫁曰歸라 宜는 猶善也라

詩는 〈周南 桃夭篇〉이다. 夭夭는 어리고 예쁜 모양이요 蓁蓁은 아름답고 성한 모양이니, 興이다. 之子는 是子라는 말과 같으니, 이는 女子의 시집가는 자를 가리켜 말한 것이다. 婦人이 시집가는 것을 歸라 한다. 宜는 善(좋음)과 같다.

詩云 宜兄宜弟라하니 宜兄宜弟而后에 可以敎國人이니라

≪詩經≫에 이르기를 "형에게도 마땅하고 아우에게도 마땅하다." 하였으니, 형에게 마땅하고 아우에게 마땅한 뒤에야 나라 사람을 가르칠 수 있는 것이다.

詩는 小雅蓼蕭篇이라

詩는 〈小雅 蓼蕭篇〉이다.

詩云 其儀不忒이라 正是四國이라하니 其爲父子兄弟 足法而后에 民이 法之也니라

≪詩經≫에 이르기를 "그 威儀가 어그러지지 않는지라 이 사방 나라를 바룬다." 하였으니, 그 父子와 兄弟된 자가 족히 본받을 만한 뒤에야 백성들이 본받는 것이다.

詩는 曹風鳲鳩篇이라 忒은 差也라

詩는 〈曹風 鳲鳩篇〉이다. 忒은 어그러짐이다.

此謂治國이 在齊其家니라

蓼:길고큰모양 륙 蕭:쑥 소 忒:어그러질 특 鳲:뻐꾸기 시 鳩:비둘기 구

이것을 일러 '나라를 다스림이 그 집안을 가지런히 함에 있다.'는 것이다.

此三引詩는 皆以詠歎上文之事요 而又結之如此하여 其味深長하니 最宜潛玩이니라

여기에 세 번 인용한 詩는 모두 윗글의 일을 詠歎하였고 또 맺기를 이와 같이 하여 그 맛이 深長하니, 가장 마음을 잠겨 찾아보아야 할 것이다.

　右는 傳之九章이니 釋齊家治國하니라

　이상은 傳文의 9章이니, 齊家·治國을 해석하였다.

10. 所謂平天下在治其國者는 上老老而民興孝하며 上長長而民興弟하며 上恤孤而民不倍(背)하나니 是以로 君子有絜矩之道[1]也니라

　이른바 '천하를 平하게 함이 그 나라를 다스림에 있다.'는 것은 윗사람이 노인을 노인으로 대우함에 백성들이 孝를 흥기하며, 윗사람이 어른을 어른으로 대우함에 백성들이 弟를 흥기하며, 윗사람이 孤兒를 구휼함에 백성들이 저버리지 않는다. 이러므로 君子는 絜矩의 道가 있는 것이다.

譯註 1. 絜矩之道 : 絜은 헤아림이고, 矩는 曲尺으로 물건의 長短과 廣狹, 曲直을 재는 기구이며, 道는 방법인 바, 곧 자신의 마음을 가지고 타인을 헤아리는 尺度로 삼음을 비유한 것이다. 그리하여 자신이 좋아하는 것은 남도 좋아하고 자신이 싫어하는 것은 남도 싫어함을 알아, 자신이 싫었던 것을 남에게 베풀지 않는 것으로, 이를 推己及人의 恕라 한다.

老老는 所謂老吾老也라 興은 謂有所感發而興起也라 孤者는 幼而無父之稱이라 絜은 度(탁)也라 矩는 所以爲方也라 言 此三者는 上行下效가 捷於影響[1]하니 所謂家齊而國治也니 亦可以見人心之所同하여 而不可使有一夫之不獲矣라 是以로 君子必當因其所同하여 推以度物하여 使彼我之間으로 各得分願하면 則上下四旁이 均齊方正하여 而天下平矣라

　老老는 《孟子》〈梁惠王 上〉에 이른바 '내 노인을 노인으로 섬긴다.'는 것이다. 興

倍:등질 배(背同)　絜:잴 혈　矩:곡척 구　度:헤아릴 탁　捷:빠를 첩　響:메아리 향　獲:얻을 획　旁:곁 방

은 感發한 바가 있어 興起함을 이른다. 孤는 어려서 아버지가 없는 자의 칭호이다. 絜은 헤아림이다. 矩는 네모진 것을 만드는 기구이다. 이 세 가지는 윗사람이 행하면 아랫사람이 본받는 것이 그림자와 메아리보다도 빠르니, 이른바 '집안이 가지런해짐에 나라가 다스려진다.'는 것이니, 또한 사람의 마음이 똑같은 바여서 한 지아비라도 살 곳을 얻지 못함이 있게 해서는 안됨을 볼 수 있다. 이 때문에 君子가 반드시 마땅히 그 같은 바를 인하여 미루어서 남을 헤아려 彼我의 사이로 하여금 각각 分數와 소원을 얻게 하는 것이니, 이렇게 하면 上下와 四方이 고르고 方正하여 천하가 平해질 것이다.

譯註 1. 捷於影響 : 물체가 있으면 그림자가 있고 소리를 지르면 즉시 메아리가 되울려오는 것처럼 그 효과가 즉시 나타남을 비유한 것이다.

所惡(오)於上으로 毋以使下하며 所惡於下로 毋以事上하며 所惡於前으로 毋以先後하며 所惡於後로 毋以從前하며 所惡於右로 毋以交於左하며 所惡於左로 毋以交於右가 此之謂絜矩之道니라

윗사람에게서 싫었던 것으로써 아랫사람을 부리지 말며, 아랫사람에게서 싫었던 것으로써 윗사람을 섬기지 말며, 앞사람에게서 싫었던 것으로써 뒷사람에게 加하지 말며, 뒷사람에게서 싫었던 것으로써 앞사람을 따르지 말며, 오른쪽에게서 싫었던 것으로써 왼쪽에게 사귀지 말며, 왼쪽에게서 싫었던 것으로써 오른쪽에게 사귀지 말 것이니, 이것을 일러 絜矩의 道라고 하는 것이다.

此는 覆解上文絜矩二字之義라 如不欲上之無禮於我어든 則必以此度(탁)下之心하여 而亦不敢以此無禮使之하며 不欲下之不忠於我어든 則必以此度上之心하여 而亦不敢以此不忠事之라 至於前後左右에 無不皆然이면 則身之所處上下四旁에 長短廣狹이 彼此如一하여 而無不方矣리니 彼同有是心而興起焉者 又豈有一夫之不獲哉리오 所操者約이나 而所及者廣하니 此는 平天下之要道也라 故로 章內之意가 皆自此而推之하니라

이는 윗글의 絜矩 두 글자의 뜻을 반복하여 해석한 것이다. 내가 만일 윗사람이 나에게 無禮함을 원하지 않거든 반드시 이로써 아랫사람의 마음을 헤아려서 나 역시 감히

毋:말 무 覆:반복할 복 狹:좁을 협 方:바를 방 約:요약할 약

이 無禮함으로써 아랫사람을 부리지 말며, 아랫사람이 나에게 不忠함을 원하지 않거든 반드시 이로써 윗사람의 마음을 헤아려서 나 역시 이 不忠함으로써 윗사람을 섬기지 말아야 한다. 前·後와 左·右에 이르러서도 모두 그렇게 하지 않음이 없으면 몸이 처한 바의 上下와 四方에 길고 짧음과 넓고 좁음이 彼此가 똑같아서 方正하지 않음이 없을 것이니, 저 똑같이 이 마음을 가지고 있어서 興起하는 자가 또 어찌 한 지아비라도 살 곳을 얻지 못함이 있겠는가. 잡고 있는 바가 요약하면서도 미치는 바가 넓으니, 이는 天下를 平하게 하는 要道(중요한 방도)이다. 그러므로 章 안의 뜻이 모두 이로부터 미루어 간 것이다.

詩云 樂只君子여 民之父母라하니 民之所好를 好之하며 民之所惡 (오)를 惡之가 此之謂民之父母니라

《詩經》에 이르기를 "즐거운(和樂한) 君子여, 백성의 父母이다." 하였으니, 백성들이 좋아하는 바를 좋아하며 백성들이 싫어하는 바를 싫어함을 이것을 일러 백성의 父母라 하는 것이다.

詩는 小雅南山有臺之篇이라 只는 語助辭라 言 能絜矩而以民心爲己心이면 則是愛民 如子하여 而民愛之如父母矣리라

詩는 〈小雅 南山有臺篇〉이다. 只는 어조사이다. 능히 絜矩하여 백성의 마음으로써 자신의 마음을 삼는다면 이는 백성을 사랑하기를 자식과 같이 하는 것이어서 백성들이 사랑하기를 父母와 같이 함을 말씀한 것이다.

詩云 節(截)彼南山이여 維石巖巖이로다 赫赫師尹이여 民具(俱)爾 瞻이라하니 有國者 不可以不愼이니 辟則爲天下僇矣니라

《詩經》에 이르기를 "깎아지른 저 南山이여, 돌이 높고 높구나. 赫赫한 太師 尹氏여, 백성들이 모두 너를 본다." 하였으니, 국가를 소유한 자는 삼가지 않으면 안되니 편벽되면 천하에 죽임을 당하는 것이다.

只:어조사 지　節:산깎아지른듯할 절(截通)　巖:높을 암　赫:빛날 혁　僇:죽일 륙

詩는 小雅節南山之篇이라 節은 截然高大貌라 師尹은 周太師尹氏也라 具는 俱也요 僻은 偏也라 言 在上者는 人所瞻仰이니 不可不謹이라 若不能絜矩하여 而好惡를 徇於一己之偏이면 則身弑國亡하여 爲天下之大戮矣라

詩는 〈小雅 節南山篇〉이다. 節은 截然히 높고 큰 모양이다. 師尹은 周나라 太師인 尹氏이다. 具는 모두이고, 僻은 편벽됨이다. 윗자리에 있는 자는 사람들이 보고 우러르는 바이니, 삼가지 않을 수 없다. 만일 絜矩하지 못해서 좋아하고 미워함을 자기 한 몸의 편벽됨을 따르면 몸이 시해당하고 나라가 망하여 천하에 죽임을 당함을 말씀한 것이다.

詩云 殷之未喪師엔 克配上帝러니라 儀(宜)監于殷이어다 峻命不易(이)라하니 道得衆則得國하고 失衆則失國이니라

《詩經》에 이르기를 "殷나라가 民衆을 잃지 않았을 때에는 능히 上帝를 짝했었다. 그러하니 마땅히 殷나라를 거울로 삼을지어다. 큰 命을 보존하기가 쉽지 않다." 하였으니, 민중을 얻으면 나라를 얻고 민중을 잃으면 나라를 잃음을 말씀한 것이다.

詩는 文王篇이라 師는 衆也라 配는 對也니 配上帝는 言其爲天下君而對乎上帝也라 監은 視也요 峻은 大也라 不易는 言難保也라 道는 言也라 引詩而言此하여 以結上文兩節之意라 有天下者 能存此心而不失이면 則所以絜矩而與民同欲者가 自不能已矣리라

詩는 〈文王篇〉이다. 師는 民衆이다. 配는 대함이니, 配上帝는 천하의 군주가 되어 上帝를 짝함을 말한다. 監은 봄이요, 峻은 큼이다. 不易는 보존하기 어려움을 말한다. 道는 말함이다. 《詩經》을 인용하고 이것을 말하여 윗글 두 節의 뜻을 맺은 것이다. 천하를 소유한 자가 능히 이 마음을 보존하고 잃지 않으면 絜矩하여 백성들과 하고자 함을 함께 하는 것이 자연 그만둘 수 없을 것이다.

是故로 君子는 先愼乎德이니 有德이면 此有人이요 有人이면 此有土

喪:잃을 상　師:무리 사　儀:마땅할 의　監:볼 감　峻:클 준　已:그만둘 이

요 **有土**면 **此有財**요 **有財**면 **此有用**이니라

이러므로 君子는 먼저 德을 삼가는 것이니, 德이 있으면 이에 人民이 있고 人民이 있으면 이에 土地가 있고 土地가 있으면 이에 재물이 있고 재물이 있으면 이에 씀이 있는 것이다.

先謹乎德[1]은 承上文不可不謹而言이라 德은 卽所謂明德이라 有人은 謂得衆이요 有土는 謂得國이라 有國이면 則不患無財用矣리라

먼저 德을 삼간다는 것은 윗글의 '不可不謹'을 이어서 말씀한 것이다. 德은 곧 이른바 明德이란 것이다. 有人은 민중을 얻음을 이르고, 有土는 나라를 얻음을 이른다. 나라가 있으면 財用이 없음을 걱정할 필요가 없을 것이다.

譯註 1. 先謹乎德 : 원문에는 '先愼乎德'으로 기록되어 있으나 朱子가 당시 宋나라 孝宗의 諱를 피하여 뜻이 비슷한 '謹'으로 바꿔 쓴 것이다. '不可不謹'과 '謹獨' 역시 그러하다. 앞의 傳文 6章 譯註에 자세히 보인다.

德者는 **本也**요 **財者**는 **末也**니

德은 근본이요 재물은 末이니,

本上文而言이라

윗글을 근본하여 말한 것이다.

外本內末이면 **爭民施奪**이니라

근본(德)을 밖으로 하고 末(재물)을 안으로 하면 백성을 다투게 하여 劫奪하는 가르침을 베푸는 것이다.

人君이 以德爲外하고 以財爲內하면 則是爭鬪其民하여 而施之以劫奪之敎也라 蓋財者는 人之所同欲이어늘 不能絜矩而欲專之면 則民亦起而爭奪矣리라

人君이 德을 밖으로 여기고 재물을 안으로 여긴다면 이는 백성을 爭鬪하게 하여 劫

奪:빼앗을 탈 劫:위협할 겁

奪하는 가르침을 베푸는 것이다. 재물은 사람들이 똑같이 하고자 하는 바인데, 絜矩하지 못하여 독차지하고자 한다면 백성들이 또한 일어나 다투어 빼앗게 될 것이다.

是故로 財聚則民散하고 財散則民聚니라

이러므로 재물이 모이면 백성이 흩어지고, 재물이 흩어지면 백성들이 모이는 것이다.

外本內末故로 財聚하고 爭民施奪故로 民散이라 反是면 則有德而有人矣리라

근본을 밖으로 하고 末을 안으로 하기 때문에 재물이 모이고, 백성을 다투게 하여 劫奪하는 가르침을 베풀기 때문에 백성이 흩어지는 것이다. 이와 반대로 하면 德이 있어서 人民이 있게 될 것이다.

是故로 言悖而出者는 亦悖而入하고 貨悖而入者는 亦悖而出이니라

이러므로 말이 도리에 어긋나게 나간 것은 또한 도리에 어긋나게 들어오고, 재물이 도리에 어긋나게 들어온 것은 또한 도리에 어긋나게 나가는 것이다.

悖는 逆也라 此는 以言之出入으로 明貨之出入也라 自先謹乎德以下로 至此는 又因財貨하여 以明能絜矩與不能者之得失也라

悖는 어그러짐이다. 이는 말의 나가고 들어옴을 가지고 재물의 나가고 들어옴을 밝힌 것이다. '先謹乎德' 이하로부터 여기까지는 또 財貨를 인하여 능히 絜矩한 자와 능히 絜矩하지 못한 자의 得失을 밝힌 것이다.

康誥曰 惟命은 不于常이라하니 道善則得之하고 不善則失之矣니라

〈康誥〉에 이르기를 "天命은 일정한 곳에 하지 않는다." 하였으니, 善하면 얻고 善하지 않으면 잃음을 말한 것이다.

道는 言也라 因上文引文王詩之意而申言之하니 其丁寧反覆之意 益深切矣로다

聚:모을 취 悖:어그러질 패 道:말할 도

道는 말함이다. 윗글에 〈文王〉詩를 인용한 뜻을 인하여 거듭 말하였으니, 그 丁寧하고 반복한 뜻이 더욱 깊고 간절하다.

楚書曰 楚國은 無以爲寶요 惟善을 以爲寶라하니라

〈楚語〉에 이르기를 "楚나라는 보배로 삼는 것이 없고 오직 善人을 보배로 삼는다." 하였다.

楚書는 楚語라 言不寶金玉而寶善人也라

楚書는 ≪國語≫ 〈楚語〉이다. 金玉을 보배로 여기지 않고 善人을 보배로 여김을 말한 것이다.

舅犯曰 亡人은 無以爲寶요 仁親을 以爲寶라하니라

舅犯이 말하기를 "도망온 사람은 보배로 여기는 것이 없고, 어버이를 사랑함을 보배로 여긴다." 하였다.

舅犯은 晉文公舅狐偃이니 字子犯이라 亡人은 文公이 時爲公子하여 出亡在外也라 仁은 愛也니 事見(현)檀弓하니라 此兩節은 又明不外本而內末之意라

舅犯은 晉나라 文公의 외삼촌인 狐偃이니, 字가 子犯이다. 亡人은 文公이 당시 公子가 되어서 나가 망명하여 밖에 있었던 것이다. 仁은 사랑함이니, 이 사실은 ≪禮記≫ 〈檀弓〉에 보인다.

이 두 節은 또 근본을 밖으로 하고 지엽을 안으로 하지 않는 뜻을 밝힌 것이다.

秦誓曰 若有一个臣이 斷斷兮無他技나 其心이 休休焉其如有容焉이라 人之有技를 若己有之하며 人之彦聖을 其心好之가 不啻若自其口出이면 寔能容之라 以能保我子孫黎民이니 尙亦有利哉인저

舅:외삼촌 구 狐:여우 호 偃:누울 언 个:낱 개(個同) 斷:한결같을 단 休:아름다울 휴
彦:선비 언 啻:뿐 시 寔:이 식 黎:검을 려 尙:거의 상

人之有技를 媢疾以惡(오)之하며 人之彦聖을 而違之하여 俾不通이면 寔不能容이라 以不能保我子孫黎民이니 亦曰殆哉인저

〈秦誓〉에 이르기를 "만일 어떤 한 신하가 斷斷하고 다른 技藝가 없으나 그 마음이 곱고 고와 용납함이 있는 듯하여, 남이 가지고 있는 기예를 자신이 소유한 것처럼 여기며 남의 훌륭하고 聖스러움을 그 마음에 좋아함이 자기 입에서 나온 것보다도 더한다면 이는 남을 포용하는 것이어서 나의 子孫과 黎民을 보전할 것이니, 거의 또한 이로움이 있을 것이다. 남이 가지고 있는 技藝를 시기하고 미워하며 남의 훌륭하고 聖스러움을 어겨서 통하지 못하게 한다면 이는 포용하지 못하는 것이어서 나의 子孫과 黎民을 보전하지 못할 것이니, 또한 위태로울 것이다." 하였다.

秦誓는 周書라 斷斷은 誠一之貌라 彦은 美士也요 聖은 通明也라 尙은 庶幾也라 媢는 忌也라 違는 拂戾也라 殆는 危也라

〈秦誓〉는 《書經》〈周書〉이다. 斷斷은 정성스럽고 한결같은 모양이다. 彦은 아름다운 선비요, 聖은 通明함이다. 尙은 庶幾(거의)이다. 媢는 猜忌(시기)함이다. 違는 어김이다. 殆는 위태로움이다.

唯仁人이야 放流之호되 迸諸四夷하여 不與同中國하나니 此謂唯仁人이야 爲能愛人하며 能惡人이니라

오직 仁人이어야 이들을 추방하여 유배하되 사방 오랑캐 땅으로 내쫓아 〈이들과〉 더불어 中國에 함께 살지 않으니, 이를 일러 '오직 仁人이어야 남을 제대로 사랑하고 남을 제대로 미워한다.'는 것이다.

迸은 猶逐也라 言 有此媢疾之人하여 妨賢而病國이면 則仁人이 必深惡(오)而痛絶之하나니 以其至公無私라 故로 能得好惡之正이 如此也라

迸은 逐과 같다. 이 시기하고 미워하는 사람이 있어서 어진이를 방해하고 나라를 병

媢:시기할 모　俾:하여금 비　殆:위태로울 태　拂:어길 불　放:추방할 방　迸:쫓을 병

들게 하면 仁人이 반드시 깊이 미워하고 통렬히 끊어버리니, 至公無私하기 때문에 능히 좋아하고 미워함의 올바름을 얻음이 이와 같음을 말한 것이다.

見賢而不能擧하며 擧而不能先이 命〔慢〕也요 見不善而不能退하며 退而不能遠이 過也니라

어진이를 보고도 들어 쓰지 못하며 들어 쓰되 먼저하지 못함이 태만함이요, 不善한 자를 보고도 물리치지 못하며 물리치되 멀리하지 못함이 잘못이다.

命은 鄭氏云 當作慢이라하고 程子云 當作怠라하시니 未詳孰是[1]라 若此者는 知所愛惡矣로되 而未能盡愛惡之道하니 蓋君子而未仁者也라

命은 鄭氏(鄭玄)는 '마땅히 慢이 되어야 한다.' 하고, 程子(伊川)는 '마땅히 怠가 되어야 한다.' 하였으니, 누가 옳은지 자세하지 않다. 이와 같은 자는 사랑하고 미워할 바를 알되 사랑하고 미워하는 도리를 다하지 못한 것이니, 君子이나 아직 仁하지 못한 자이다.

譯註 1. 未詳孰是 : '怠'와 '慢'이 뜻은 같으나 '慢'의 音이 '命'과 가까우므로 '慢'으로 읽는 것이 옳다 한다. 이 때문에 經文에 慢으로 수정하였다.

好人之所惡(오)하며 惡人之所好를 是謂拂人之性이라 菑(災)必逮夫身이니라

남의 미워하는 바를 좋아하며 남의 좋아하는 바를 미워함을 이것을 일러 사람의 성품을 거스른다고 하는 것이다. 〈이러한 자는〉 재앙이 반드시 그 몸에 미칠 것이다.

拂은 逆也라 好善而惡惡은 人之性也니 至於拂人之性이면 則不仁之甚者也라 自秦誓至此는 又皆以申言好惡公私之極하여 以明上文所引南山有臺. 節南山之意라

拂은 거스름이다. 善을 좋아하고 惡을 미워함은 사람의 性이니, 사람의 性을 거스름에 이르면 不仁이 심한 자이다. 〈秦誓〉로부터 여기까지는 또 모두 좋아하고 미워하기

逐:쫓을 축 拂:거스를 불 菑:재앙 재 逮:미칠 체

를 公으로 함과 私로 함의 지극함을 거듭 말하여 윗글에 인용한 〈南山有臺〉와 〈節南山〉의 뜻을 밝힌 것이다.

是故로 君子有大道하니 必忠信以得之하고 驕泰以失之니라

이러므로 君子는 큰 道가 있으니, 반드시 忠과 信으로써 얻고 교만함과 방자함으로써 잃는다.

君子는 以位言之라 道는 謂居其位而修己治人之術이라 發己自盡이 爲忠이요 循物無違가 謂信이라 驕者는 矜高요 泰者는 侈肆라 此因上所引文王康誥之意而言이라 章內에 三言得失而語益加切[1]하니 蓋至此而天理存亡之幾 決矣로다

君子는 지위로써 말한 것이다. 道는 지위에 居하여 자신을 닦고 남을 다스리는 방법을 이른다. 자기 마음을 발하여 스스로 다함을 忠이라 하고, 사물을 따라 어김이 없음을 信이라 이른다. 驕는 자랑하고 높은 체함이요, 泰는 사치하고 방자함이다. 이는 위에 인용한 〈文王〉과 〈康誥〉의 뜻을 인하여 말씀한 것이다. 이 章 안에 得失을 세 번 말하였는데 말이 갈수록 더 간절하니, 이에 이르러 天理가 보존되고 멸망하는 기틀이 판가름이 난다.

譯註 1. 章內 三言得失而語益加切 : 得失을 세 번 말했다는 것은 〈文王〉詩 뒤의 '得衆則得國 失衆則失國'과 〈康誥〉 뒤의 '善則得之 不善則失之'와 여기의 '忠信以得之 驕泰以失之'를 가리킨다. '民衆을 얻으면 나라를 얻고 民衆을 잃으면 나라를 잃는다.'는 것보다 '善하면 얻고 不善하면 잃는다.'는 것이 더 간절하며, '忠과 信으로써 얻고 교만함과 방자함으로써 잃는다.'는 것이 더 구체적이고 절실함을 말한 것이다. 民衆을 얻으려면 善을 해야 하고 善을 하려면 忠信을 해야 함을 알 수 있다.

生財有大道하니 生之者衆하고 食之者寡하며 爲之者疾하고 用之者舒하면 則財恒足矣리라

재물을 생산함이 큰 道(방법)가 있으니, 생산하는 자가 많고 먹는 자가 적으며 하기를 빨리 하고 쓰기를 느리게 하면 재물이 항상 풍족할 것이다.

驕:교만할 교 泰:잘난체할 태 矜:자랑 긍 侈:잘난체할 치 肆:방자할 사 疾:빠를 질

呂氏曰 國無遊民이면 則生者衆矣요 朝無幸位면 則食者寡矣요 不奪農時면 則爲之疾矣요 量入爲出이면 則用之舒矣니라 愚按 此因有土有財而言하여 以明足國之道 在乎務本而節用이요 非必外本內末而後財可聚也라 自此以至終篇이 皆一意也라

呂氏(呂大臨)가 말하였다. "나라에 노는 백성이 없으면 생산하는 자가 많을 것이요, 朝廷에 요행으로 얻은 지위가 없으면 먹는 자가 적을 것이요, 농사철을 빼앗지 않으면 하기를 빨리 할 것이요, 수입을 헤아려 지출을 하면 쓰기를 느리게 할 것이다."

내(朱子)가 살펴보건대 이는 有土와 有財를 인하여 말씀해서 나라를 풍족하게 하는 방도가 本業(農業)을 힘쓰고 쓰기를 절약함에 있는 것이요, 반드시 근본을 밖으로 하고 지엽을 안으로 한 뒤에 재물이 모이는 것이 아님을 밝힌 것이다. 이로부터 끝 篇까지는 모두 똑같은 뜻이다.

仁者는 以財發身하고 不仁者는 以身發財니라

仁者는 재물로써 몸을 일으키고, 不仁한 자는 몸으로써 재물을 일으킨다.

發은 猶起也라 仁者는 散財以得民하고 不仁者는 亡身以殖貨라

發은 起와 같다. 仁者는 재물을 흩어서 백성을 얻고, 不仁한 자는 몸을 망쳐서 재물을 증식한다.

未有上好仁而下不好義者也니 未有好義요 其事不終者也며 未有府庫財 非其財者也니라

윗사람이 仁을 좋아하고서 아랫사람이 義를 좋아하지 않는 자는 있지 않으니, 〈아랫사람들이〉 義를 좋아하고서 그(윗사람)의 일이 끝마쳐지지 못하는 경우가 없으며 府庫의 재물이 그(윗사람)의 재물이 아닌 경우가 없는 것이다.

上好仁以愛其下하면 則下好義以忠其上이니 所以事必有終이요 而府庫之財 無悖出之患也라

幸:요행 행   殖:번성할 식   府:창고 부   悖:어그러질 패

윗사람이 仁을 좋아하여 그 아랫사람을 사랑하면 아랫사람이 義를 좋아하여 그 윗사람에게 충성하니, 이 때문에 일이 반드시 마침이 있고 府庫의 재물이 어긋나게 나가는 폐단이 없는 것이다.

孟獻子曰 畜(휵)馬乘은 不察於鷄豚하고 伐冰之家는 不畜牛羊하고 百乘之家는 不畜聚斂之臣하나니 與其有聚斂之臣으론 寧有盜臣이라하니 此謂 國은 不以利爲利요 以義爲利也니라

孟獻子가 말하기를 "馬乘을 기르는 자는 닭과 돼지를 기름에 살피지 않고, 얼음을 쓰는 집안은 소와 양을 기르지 않고, 百乘의 집안은 聚斂하는 신하를 기르지 않으니, 聚斂하는 신하를 기르기보다는 차라리 도둑질하는 신하를 두라." 하였으니, 이것을 일러 '나라는 利를 이익으로 여기지 않고 義를 이익으로 여긴다.'는 것이다.

孟獻子는 魯之賢大夫仲孫蔑也라 畜馬乘은 士初試爲大夫者也요 伐冰之家는 卿大夫以上喪祭用冰者也요 百乘之家는 有采地者也라 君子寧亡己之財언정 而不忍傷民之力이라 故로 寧有盜臣이언정 而不畜聚斂之臣이라 此謂以下는 釋獻子之言也라

孟獻子는 魯나라의 어진 大夫인 仲孫蔑이다. 馬乘을 기르는 자는 士가 처음 등용되어 大夫가 된 자이다. 伐冰之家는 卿大夫 이상으로 初喪과 祭祀에 얼음을 쓰는 자이고, 百乘之家는 采地(食邑)를 가지고 있는 자이다. 君子는 차라리 자신의 재물을 잃을지언정 차마 백성의 힘을 상하게 하지 못한다. 그러므로 차라리 도둑질하는 신하를 둘지언정 聚斂하는 신하를 기르지 않는 것이다. '此謂' 이하는 獻子의 말을 해석한 것이다.

長國家而務財用者는 必自小人矣니 彼(爲善之)小人之使爲國家1)면 菑害並至라 雖有善者라도 亦無如之何矣리니 此謂 國은 不以利爲利요 以義爲利也니라

獻:올릴 헌 畜:기를 휵 豚:돼지 돈 冰:얼음 빙 斂:거둘 렴 寧:차라리 녕 蔑:없을 멸
采:식읍 채 菑:재앙 재

국가에 어른이 되어 財用을 힘쓰는 자는 반드시 小人으로부터 비롯되니, 저 小人으로 하여금 국가를 다스리게 하면 天災와 人害가 함께 이른다. 비록 잘하는 자가 있더라도 또한 어쩔 수가 없을 것이니, 이것을 일러 '나라는 利를 이익으로 여기지 않고 義를 이익으로 여긴다.'는 것이다.

譯註 1. 彼(爲善之)小人之使爲國家 : 朱子는 闕文이나 誤字가 있는 것으로 보았는 바, 爲 자 아래에 不자가 빠진 것으로 보기도 하고 '爲善之' 세 글자를 빼기도 하며, '저 (小人)를 잘 한다 하여 小人으로 하여금 국가를 다스리게 하면'으로 해석하기도 한다.

彼爲善之此句上下에 疑有闕文誤字라

○ 自는 由也니 言由小人導之也라 此一節은 深明以利爲利之害하여 而重言以結之하니 其丁寧之意 切矣로다

'彼爲善之' 이 句의 위아래에는 의심컨대 闕文이나 誤字가 있는 듯하다.

○ 自는 말미암음이니, 小人이 인도함으로 말미암음을 말한 것이다.

이 한 節은 利를 이익으로 삼는 害를 깊이 밝혀 거듭 말씀하여 맺었으니, 그 丁寧(간곡)한 뜻이 간절하다.

右는 傳之十章이니 釋治國平天下하니라

이상은 傳文의 10章이니, 治國·平天下를 해석하였다.

此章之義는 務在與民同好惡而不專其利하니 皆推廣絜矩之意也라 能如是면 則親賢樂利가 各得其所[1]하여 而天下平矣리라

이 章의 뜻은 힘씀이 백성들과 더불어 좋아하고 싫어함을 함께 하고 그 이익을 독차지하지 않음에 있으니, 모두 絜矩의 뜻을 미루어 넓힌 것이다. 능히 이와 같이 하면 親·賢과 樂·利가 각각 제자리를 얻어서 천하가 平하게 될 것이다.

譯註 1. 親賢樂利 各得其所 : 親賢樂利는 앞의 傳文 3章에 보이는 '賢其賢 親其親 樂其樂 利其利'를 축약하여 쓴 것으로 親賢은 用人(인재를 등용함)에 해당하고 樂利는 理財(재물을 다스림)에 해당하는 바, 이 章은 앞에서는 理財를, 뒤에서는 用人을 말하였고 끝에서는 두 가지를 합하여 말하였다. 雙峰饒氏(饒魯)는 이에 대하여 "先愼乎德 이하는 理財를 말하였고 〈秦誓〉 이하는 用人을 말하였으며 生財有大道

이하는 또 다시 理財를 말하여 두 가지를 반복해서 말하였으며 맨끝에는 또 '財用을 힘쓰는 자는 小人으로부터 시작된다.'고 말하였으니, 理財와 用人은 또 똑같은 일일 뿐이다." 하였다. 各得其所는 각각 제자리를 얻는 것으로 ≪論語≫ 〈子罕〉에 "雅와 頌이 각기 제자리를 얻었다.〔雅頌各得其所〕"라고 보인다.

凡傳十章에 前四章은 統論綱領旨趣요 後六章은 細論條目工夫라 其第五章은 乃明善之要요 第六章은 乃誠身之本이니 在初學에 尤爲當務之急이니 讀者不可以其近而忽之也니라

　무릇 傳文 열 章 중에 앞의 네 章은 綱領(三綱領)의 旨趣를 통합하여 논하였고, 뒤의 여섯 章은 條目(八條目)의 공부를 세세히 논하였다. 제5章은 바로 善을 밝히는 要體이고 제6章은 바로 몸을 성실히 하는 근본이니, 初學者에 있어서 더욱 마땅히 힘써야 할 急先務이니, 읽는 자들은 淺近하다고 하여 소홀히 해서는 안될 것이다.

旨:뜻 지　趣:뜻 취　忽:소홀할 홀

中庸章句

中庸章句序

中庸은 何爲而作也오 子思子憂道學之失其傳而作也시니라 蓋自上古聖神[1]繼天立極으로 而道統之傳이 有自來矣라 其見(현)於經은 則允執厥中者는 堯之所以授舜也요 人心惟危 道心惟微 惟精惟一 允執厥中者는 舜之所以授禹也니 堯之一言이 至矣盡矣어늘 而舜이 復(부)益之以三言者는 則所以明夫堯之一言을 必如是而後에 可庶幾也라

≪中庸≫은 어찌하여 지었는가? 子思子가 道學의 傳함을 잃을까 걱정하여 지으신 것이다. 上古時代에 聖神이 하늘의 뜻을 이어 極을 세움으로부터 道統의 전함이 由來가 있었다. 經書에 나타나는 것으로는 '진실로 그 中(中道)을 잡으라.'는 것은 堯임금이 舜임금에게 전수해 주신 것이요, '人心은 위태롭고 道心은 隱微하니, 精히 하고 한결같이 하여야 진실로 그 中을 잡을 수 있다.'는 것은 舜임금이 禹임금에게 전수해 주신 것이니, 堯의 한 말씀이 지극하고 다하였는데 舜이 다시 세 말씀을 더한 것은 堯의 한 말씀을 반드시 이와 같이 한 뒤에야 거의 할 수 있음을 밝힌 것이다.

譯註 1. 上古聖神 : 上古時代의 聖人(聖君)을 이른다. 孟子는 人品의 등급을 말하면서 "大人이면서 저절로 변화한 것을 聖人이라 하고, 聖스러워 측량할 수 없는 것을 神人이라 한다." 하였는데, 朱子는 "聖人 위에 따로 神人이 있는 것이 아니요, 聖人의 德이 神妙하여 측량해 알 수 없으므로 이렇게 칭한 것이다." 하였다.

蓋嘗論之컨대 心之虛靈知覺은 一而已矣어늘 而以爲有人心道心之異者는 則以其或生於形氣之私하고 或原於性命之正하여 而所以爲知覺者 不同이라 是以로 或危殆而不安하고 或微妙而難見耳라 然이나 人莫不有是形이라 故로 雖上智나 不能無人心하고 亦莫不有是性이라 故로 雖下愚나 不能無道心하니 二者雜於方寸之間하여 而不知所以治之면 則危者愈危하고 微者愈微하여 而天理之公이 卒無以勝夫人欲之私矣리라 精은 則察夫二者之間而不雜也요 一은 則守其本心之正而不離也니 從事於斯하여 無

極:표준 극 自:부터 자 見:나타날 현 允:진실로 윤 殆:위태로울 태 愈:더욱 유

少間斷하여 必使道心常爲一身之主하고 而人心每聽命焉이면 則危者安하고 微者著하여 而動靜云爲 自無過不及之差矣리라

일찍이 논하건대, 心의 虛靈知覺은 하나일 뿐인데 人心과 道心의 다름이 있다고 한 것은 혹(人心)은 形氣의 私에서 나오고 혹(道心)은 性命의 올바름에서 근원하여 知覺을 한 것이 똑같지 않기 때문이다. 이 때문에 혹은 위태로워 편안하지 못하고 혹은 微妙하여 보기가 어렵다. 그러나 이 형체를 가지고 있지 않은 이가 없으므로 비록 上智라도 人心이 없지 못하고 또한 이 性을 가지고 있지 않은 이가 없으므로 비록 下愚라도 道心이 없지 않으니, 이 두 가지가 方寸(마음)의 사이에 섞여 있어서 다스릴 바를 알지 못하면 위태로운 것은 더욱 위태로워지고 은미한 것은 더욱 은미해져서 天理의 공변됨이 끝내 人慾의 사사로움을 이길 수가 없다. 精은 〈人心과 道心〉 두 가지의 사이를 살펴 섞이지 않게 하는 것이고 一은 本心의 올바름을 지켜 떠나지 않게 하는 것이니, 이에 從事하여 조금도 間斷함이 없어 반드시 道心으로 하여금 一身의 주장이 되게 하고 人心으로 하여금 매양 命令을 듣게 하면 위태로운 것이 편안하게 되고 은미한 것이 드러나게 되어 動・靜과 말하고 행하는 것이 저절로 過・不及의 잘못이 없게 될 것이다.

夫堯舜禹는 天下之大聖也요 以天下相傳은 天下之大事也니 以天下之大聖으로 行天下之大事하사되 而其授受之際에 丁寧告戒 不過如此하시니 則天下之理 豈有以加於此哉리오 自是以來로 聖聖相承하시니 若成湯文武之爲君과 皐陶(고요)伊傅周召之爲臣이 旣皆以此而接夫道統之傳하시고 若吾夫子는 則雖不得其位하시나 而所以繼往聖, 開來學은 其功이 反有賢於堯舜者라

堯・舜・禹는 天下의 큰 聖人이시고 天下로 서로 전함은 天下의 큰 일이니, 천하의 큰 聖人으로서 천하의 큰 일을 행하시되 주고 받을 때에 丁寧히 말씀해 주신 것이 이와 같음에 지나지 않으셨으니, 천하의 이치가 어찌 이보다 더한 것이 있겠는가. 이로부터 이후로 聖人과 聖人이 서로 傳承하셨으니, 成湯과 文王・武王과 같은 군주들과 皐陶・伊尹・傅說(부열)・周公・召公과 같은 신하들이 이미 모두 이것으로 道統의 전함을 이으셨고, 우리 夫子(孔子)로 말하면 비록 그 지위를 얻지 못하셨으나 가신(옛) 聖人을 잇고 오는 後學들을 열어 주신 것은 그 功이 도리어 堯舜보다 더함이 있으시다.

然이나 當是時하여 見而知之者는 惟顔氏曾氏之傳이 得其宗이러시니 及曾氏之再傳하여

皐:언덕 고 陶:즐거울 요 伊:저 이 傅:스승 부 賢:나을 현 顔:얼굴 안 曾:일찍 증

而復得夫子之孫子思하여는 則去聖遠而異端起矣라 子思懼夫愈久而愈失其眞也하사 於是에 推本堯舜以來相傳之意하시고 質以平日所聞父師之言하사 更(경)互演繹하여 作爲此書하여 以詔後之學者하시니 蓋其憂之也深이라 故로 其言之也切하고 其慮之也遠이라 故로 其說之也詳하니 其曰天命率性은 則道心之謂也요 其曰擇善固執은 則精一之謂也요 其曰君子時中은 則執中之謂也니 世之相後 千有餘年이로되 而其言之不異 如合符節하니 歷選前聖之書컨대 所以提挈綱維하여 開示蘊奧가 未有若是之明且盡者也라 自是而又再傳하여 以得孟氏하여 爲能推明是書하여 以承先聖之統이러시니 及其沒而遂失其傳焉하니 則吾道之所寄는 不越乎言語文字之間이요 而異端之說이 日新月盛하여 以至於老佛之徒出하여는 則彌近理而大亂眞矣라

　그러나 이 때를 당하여 보고 안 자는 오직 顔氏와 曾氏의 전함이 그 宗統을 얻으셨는데, 曾氏가 두 번째 전하여 다시 夫子의 손자 子思를 얻음에 이르러서는 聖人과의 거리가 멀어짐에 異端이 일어났다. 子思는 더욱 오래되면 더욱 그 眞(道)을 잃을까 두려워하셔서, 이에 堯舜 이래로 서로 전해 온 뜻을 미루어 근본하시고 平日(평소)에 父師에게 들은 말씀으로 質正하시어, 번갈아 서로 演繹해서 이 책을 지어 後世의 배우는 자들을 가르치셨다. 그 걱정하심이 깊기 때문에 말씀하심이 간절하고, 염려하심이 멀기 때문에 설명하심이 자세하니, 그 天命・率性이라고 말씀하신 것은 道心을 이름이요, 擇善・固執이라고 말씀하신 것은 精一을 이름이요, 君子・時中이라고 말씀하신 것은 執中을 이름이니, 세대가 서로 떨어짐이 千餘年이 되지만 그 말씀의 다르지 않음이 符節을 합한 것과 같다. 옛 聖人들의 책을 하나하나 뽑아 보건대 綱維를 제시하고 깊은 내용을 열어 보여 주신 것이 이 ≪中庸≫처럼 분명하고 다한 것은 있지 않다. 이로부터 또 다시 전하여 孟氏를 얻어서 능히 이 책을 미루어 밝혀서 先聖의 傳統을 이으셨는데 그 別世함에 미쳐 마침내 그 전함을 잃으니, 우리 道가 붙어 있는 것은 言語와 文字의 사이에 지나지 않고 異端의 말은 날로 새로워지고 달로 성하여 老子와 佛家의 무리가 나옴에 이르러서는 더욱 이치에 가까워 眞을 크게 어지럽혔다.

然而尙幸此書之不泯이라 故로 程夫子兄弟者出하사 得有所考하여 以續夫千載不傳

質:질정할 질　更:번갈아 경　演:넓힐 연　繹:이을 역　詔:가르칠 조　率:따를 솔　符:병부 부　提:들 제　挈:끌 설　維:벼리 유　蘊:쌓일 온　奧:깊을 오　沒:죽을 몰　寄:붙일 기　越:넘을 월　彌:더할 미　泯:없어질 민　載:해 재

之緒하시고 得有所據하여 以斥夫二家似是之非하시니 蓋子思之功이 於是爲大요 而微程夫子면 則亦莫能因其語而得其心也리라 惜乎라 其所以爲說者不傳이요 而凡石氏之所輯錄은 僅出於其門人之所記라 是以로 大義雖明이나 而微言未析하고 至其門人所自爲說하여는 則雖頗詳盡而多所發明이나 然이나 倍(背)其師說而淫於老佛者 亦有之矣라

그러나 다행히 이 책이 없어지지 않았다. 그러므로 程夫子 兄弟(程顥·程頤)께서 나오시어 상고한 바가 있어 千載(千年) 동안 전해지지 않던 傳統을 이으시고, 근거한 바가 있어 二家(老·佛)의 옳은 것 같은 그름을 배척하시니, 子思의 功이 이에 크게 되었고 程夫子가 없었다면 또한 그 말씀을 인하여 그 마음을 얻지 못하였을 것이다. 哀惜하다. 그 해설하신 것이 전해지지 않고, 무릇 石氏(石憝)가 모아 기록한 것은 겨우 그(程子) 門人들이 기록한 바에서 나왔다. 이 때문에 大義가 비록 밝으나 은미한 말씀이 분석되지 못하였고, 그 門人들이 각자 말한 것에 이르러서는 비록 자못 상세하고 다하여 發明한 바가 많으나 스승의 말씀을 저버리고 老·佛에 빠진 자가 또한 있었다.

熹自蚤(早)歲로 卽嘗受讀而竊疑之하여 沈潛反復이 蓋亦有年이러니 一旦에 恍然似有得其要領者라 然後에 乃敢會衆說而折其衷하여 旣爲定著章句一篇하여 以俟後之君子하고 而一二同志로 復取石氏書하여 刪其繁亂하여 名以輯略하고 且記所嘗論辨取舍之意하여 別爲或問하여 以附其後하니 然後에 此書之旨 支分節解하여 脈絡貫通하며 詳略相因하고 巨細畢擧하여 而凡諸說之同異得失이 亦得以曲暢旁通하여 而各極其趣하니 雖於道統之傳에 不敢妄議어니와 然이나 初學之士 或有取焉이면 則亦庶乎行遠升高之一助云爾니라
淳熙己酉春三月戊申에 新安朱熹는 序하노라

나(熹)는 젊었을 때부터 일찍이 받아 읽고 속으로 의심하여 沈潛하고 反復한 것이 또한 여러 해였는데, 하루 아침에 恍然히 그 要領을 터득함이 있는 듯하였다. 그런 뒤에 마침내 감히 여러 사람의 말을 모아 折衷해서 이미 《章句》 한 책을 정하여 만들어 後世의 君子를 기다리고, 한두 명의 同志들과 다시 石氏의 글을 취하여 번잡

緒:실마리 서 斥:배척할 척 微:없을 미 僅:겨우 근 頗:자못 파 淫:빠질 음 熹:밝을 희 蚤:일찍 조(早通) 恍:황홀할 황 俟:기다릴 사 刪:깎을 산 支:가지 지(枝通) 絡:이을 락 巨:클 거 曲:자세할 곡 暢:통할 창 旁:곁 방(方通) 趣:뜻 취

하고 혼란함을 刪削하여 ≪輯略≫이라 이름하고, 또 일찍이 論辨하여 取捨한 뜻을 모아 별도로 ≪或問≫을 만들어 그 뒤에 붙이니, 그러한 뒤에야 이 책의 뜻이 가지마다 나누어지고 마디마다 풀려서 脈絡이 貫通하며 상세함과 간략함이 서로 因하고 큰 것과 가는 것이 모두 들려져서 모든 學說의 同異과 得失이 또한 곡진히 통하고 사방으로 통하여 각각 그 旨趣를 다하였다. 비록 道統의 전함에 있어 감히 망령되이 의논할 수 없으나 처음 배우는 선비가 혹 취함이 있으면 또한 먼 곳에 가고 높은 곳에 오르는 데에 얼마간의 도움이 될 것이다.

　淳熙 己酉年(1189) 春三月 戊申日에 新安 朱熹는 序하다.

讀中庸法

朱子曰 中庸一篇을 某妄以己意로 分其章句하니 是書豈可以章句求哉리오 然이나 學者之於經에 未有不得於辭而能通其意者니라

朱子가 말씀하였다.

"≪中庸≫ 한 책을 내가 망령되이 내 뜻으로 章句를 나누었으니, 이 책이 어찌 章句로써 찾을 수 있겠는가. 그러나 배우는 자가 經書에 대하여 말을 알지 못하면서 그 뜻을 통달하는 자는 있지 않다."

又曰 中庸은 初學者未當理會니라

○ 中庸之書難看하니 中間에 說鬼說神하여 都無理會하니 學者須是見得箇道理了라야 方可看此書將來印證이니라

○ 讀書之序는 須是且著(착)力去看大學하고 又著力去看論語하고 又著力去看孟子하여 看得三書了하면 這中庸은 半截都了라 不用問人하고 只略略恁看過요 不可掉了易底하고 却先去攻那難底니라 中庸은 多說無形影하여 說下學處少하고 說上達處多하니 若且理會文義면 則可矣니라

또 말씀하였다.

"≪中庸≫은 처음 배우는 자가 理會할 수 없다."

○ ≪中庸≫이란 책은 보기 어려우니, 中間에 鬼를 말하고 神을 말하여 도무지 理會할 수 없다. 배우는 자가 모름지기 이 道理(眞理)를 見得하여야만 비로소 이 책을 봄에 印證(證明)할 수 있을 것이다.

○ 讀書의 순서는 모름지기 우선 힘을 붙여 ≪大學≫을 보고 또 힘을 붙여 ≪論語≫를 보고 또 힘을 붙여 ≪孟子≫를 보아 이 세 책을 보고 나면 이 ≪中庸≫은 반절을 모두 마치게 된다. 남에게 물을 필요 없이 다만 대강 보고 지나가야 할 것이요, 쉬운 것

都:모두 도 著:붙일 착 截:끊을 절 恁:이것 임 掉:흔들 도 那:저것 나 會:알 회

을 놓아두고 먼저 어려운 것을 다스려서는 안된다. ≪中庸≫은 形影이 없는 것을 많이 말하여 下學(人事)을 설명한 부분이 적고 上達(天理)을 말한 부분이 많으니, 우선 글 뜻을 理會한다면 可할 것이다.

讀書에 先須看大綱하고 又看幾多間架니 如天命之謂性, 率性之謂道, 修道之謂敎는 此是大綱이요 夫婦所知所能과 與聖人不知不能處는 此類是間架라 譬人看屋에 先看 他大綱하고 次看幾多間하고 間內又有小間이니 然後에 方得貫通이니라

책을 읽을 때에는 먼저 모름지기 大綱을 보고, 또 間架가 얼마인가를 보아야 한다. 예를 들면 '하늘이 命한 것을 性이라 하고 性을 따름을 道라 하고 道를 닦음을 敎라 한 다.'는 것이 바로 大綱이요, '夫婦가 아는 바와 능한 바와 聖人도 알지 못하고 능하지 못한' 부분 이러한 종류가 바로 間架이다. 비유하면 사람이 집을 볼 때에 먼저 대강을 보고 다음에 몇 칸인가와 칸 안에 또 작은 칸이 있음을 보아야 하는 것과 같으니, 이렇 게 한 뒤에야 바야흐로 貫通하게 된다.

又曰 中庸은 自首章以下로 多對說將來하여 直是整齊라 某舊讀中庸에 以爲子思做러 니 又時復有箇子曰字라 讀得熟後에 方見得是子思參夫子之說하여 著爲此書로라 自 是로 沈潛反覆하여 遂漸得其旨趣하니 定得今章句擺布得來에 直恁麼細密이로라
○ 近看中庸하여 於章句文義間에 窺見聖賢述作傳授之意 極有條理하여 如繩貫棋 局之不可亂이로라

또 말씀하였다.
"≪中庸≫은 首章으로부터 이하는 相對하여 말한 것이 많아 참으로 整齊하다. 내가 옛날 ≪中庸≫을 읽을 적에 子思가 지으신 것이라고 여겼었는데, 또 때로 다시 子曰이 라는 글자가 있었다. 읽기를 익숙히 한 뒤에야 비로소 子思가 夫子의 말씀을 참고하여 이 책을 저술하였음을 발견하였노라. 이로부터 沈潛하고 反復하여 마침내 점점 그 旨趣 를 알았으니, 이제 章句를 정하여 펴놓음에 참으로 이처럼 세밀히 하게 되었노라."
○ 近間에 ≪中庸≫을 보아 章句의 글뜻 사이에서 聖賢들이 述作하고 傳授한 뜻이 지극히 條理가 있어 먹줄이 바둑판을 꿰뚫음과 같아 어지럽힐 수 없음을 엿보았노라.

中庸은 當作六大節看이니 首章이 是一節이니 說中和하고 自君子中庸以下十章이 是

架:시렁 가 譬:비유할 비 參:참고할 참 擺:열 파 麼:어조사 마 繩:노끈 승

一節이니 說中庸하고 君子之道費而隱以下八章이 是一節이니 說費隱하고 哀公問政以
下七章이 是一節이니 說誠하고 大哉聖人之道以下六章이 是一節이니 說大德小德하고
末章이 是一節이니 復申首章之義하니라

≪中庸≫은 마땅히 여섯 개의 큰 節로 나누어 보아야 하니, 首章이 1節이니 中和를
말하였고, '君子中庸'으로부터 이하 열 章이 1節이니 中庸을 말하였고, '君子之道費而
隱' 이하 여덟 章이 1節이니 費隱을 말하였고, '哀公問政' 이하 일곱 章이 1節이니 誠을
말하였고, '大哉聖人之道' 이하 여섯 章이 1節이니 大德·小德을 말하였고, 끝 章이 1
節이니 다시 首章의 뜻을 거듭 말하였다.

問中庸大學之別한대 曰 如讀中庸求義理는 只是致知功夫요 如謹獨修省은 亦只是
誠意니라 問 只是中庸은 直說到聖而不可知處로소이다 曰 如大學裡也에 有如前王不
忘은 便是篤恭而天下平底事니라

혹자가 ≪中庸≫과 ≪大學≫의 차이를 묻자, 朱子가 말씀하였다. "예를 들면 ≪中
庸≫을 읽어 義理를 찾는 것은 바로 〈≪大學≫의〉 致知工夫요, 홀로를 삼가며 닦고
살핌은 또한 바로 〈≪大學≫의〉 誠意工夫이다." 혹자가 "오직 ≪中庸≫에는 聖스러
워 알 수 없는 부분(神)을 곧바로 말씀하였습니다." 하고 묻자, 朱子가 말씀하였다.
"≪大學≫ 속에 '前王을 잊을 수 없다.'고 한 것은 바로 ≪中庸≫의 '공손함을 지극히
하면 天下가 평해진다.'는 일이다."

裡:속 리   底:어조사 저

中庸章句

中者는 不偏不倚無過不及之名이요 庸은 平常也라

中은 편벽되지 않고 치우치지 않고 過와 不及이 없음의 이름이요, 庸은 平常함이다.

子程子曰 不偏之謂中이요 不易之謂庸이니 中者는 天下之正道요 庸者는 天下之定理라 此篇은 乃孔門傳授心法이니 子思恐其久而差也라 故로 筆之於書하여 以授孟子하시니 其書始言一理하고 中散爲萬事하고 末復(부)合爲一理하여 放之則彌六合하고 卷之則退藏於密[1]하여 其味無窮하니 皆實學也라 善讀者 玩索而有得焉이면 則終身用之라도 有不能盡者矣리라

子程子가 말씀하였다. "편벽되지 않음을 中이라 이르고 변치 않음을 庸이라 이르니, 中은 천하의 正道요 庸은 천하의 定理이다. 이 책은 바로 孔門에서 傳授해 온 心法이니, 子思께서 오래됨에 차이가 있을까 두려워하셨다. 그러므로 이것을 책에 써서 孟子에게 주신 것이다. 이 책이 처음에는 한 이치를 말하였고, 중간에는 흩어져 萬事가 되었고, 끝에는 다시 합하여 한 이치가 되었으니, 이것을 풀어놓으면 六合(宇宙)에 가득하고 거두어들이면 물러가 은밀한 데 감추어져서 그 맛이 무궁하니, 모두 진실한 學問이다. 잘 읽는 자가 玩索하여 얻음이 있으면 종신토록 쓰더라도 다하지 못함이 있을 것이다.

譯註 1. 退藏於密 : 《周易》〈繫辭傳〉에 보이는 말로, 密은 은밀하여 볼 수도 없고 들을 수도 없는 形而上의 道를 가리킨 것이다.

1. 天命之謂性이요 率性之謂道요 修道之謂敎니라

하늘이 命하신 것을 性이라 이르고, 性을 따름을 道라 이르고, 道를 品節해

偏:치우칠 편 倚:기댈 의, 의지할 의 筆:기록할 필 放:놓을 방 彌:뻗칠 미 卷:거둘 권
玩:구경할 완 索:찾을 색 率:따를 솔

놓음을 教라 이른다.

命은 猶令也요 性은 卽理也라 天以陰陽五行으로 化生萬物에 氣以成形而理亦賦焉하니 猶命令也라 於是에 人物之生이 因各得其所賦之理하여 以爲健順五常之德[1]하니 所謂 性也라 率은 循也요 道는 猶路也라 人物이 各循其性之自然이면 則其日用事物之間에 莫不各有當行之路하니 是則所謂道也라 修는 品節之也라 性道雖同이나 而氣稟或異라 故로 不能無過不及之差하니 聖人이 因人物之所當行者而品節之하사 以爲法於天下하시니 則謂之敎니 若禮樂刑政之屬이 是也라 蓋人이 知己之有性而不知其出於天하고 知事之有道而不知其由於性하고 知聖人之有敎而不知其因吾之所固有者裁之也라 故로 子思於此에 首發明之하시니 而董子所謂道之大原出於天이 亦此意也[2]니라

命은 令과 같고 性은 바로 理이다. 하늘이 陰陽·五行으로 萬物을 化生할 적에 氣로써 형체를 이루고 理 또한 賦與하니 命令함과 같다. 이에 사람과 물건이 태어남에 각각 부여받은 바의 理를 얻음으로 인하여 健順·五常의 德을 삼으니, 이른바 性이라는 것이다. 率은 따름이고 道는 路와 같다. 사람과 물건이 각각 그 性의 自然을 따르면 일상 생활하는 사이에 각각 마땅히 행하여야 할 길이 있지 않음이 없으니, 이것이 곧 이른바 道라는 것이다. 修는 品節함이다. 性과 道가 비록 같으나 氣稟이 혹 다르기 때문에 過하고 不及한 차이가 없지 못하다. 그러므로 聖人이 사람과 물건이 마땅히 행하여야 할 것을 인하여 品節(등급과 제한)하여 天下에 法이 되게 하셨으니 이것을 일러 敎라 하니, 禮樂과 刑政 같은 등속이 이것이다.

사람들이 자기 몸에 性이 있음은 아나 하늘에서 나온 것은 알지 못하고, 일에 道가 있음은 아나 性에서 말미암음은 알지 못하고, 聖人의 가르침이 있음은 아나 나의 固有한 것을 인하여 만들었음은 알지 못한다. 그러므로 子思께서 여기에 첫 번째로 이것을 發明하셨으니, 董子(董仲舒)의 이른바 '道의 큰 근원이 하늘에서 나왔다.'는 것도 또한 이러한 뜻이다.

譯註 1. 健順五常之德 : 健은 陽의 德이고 順은 陰의 德이며, 五常은 仁·義·禮·智·信의 五性을 가리킨다.
　　 2. 蓋人知己之有性而……亦此意也 : 一本에는 이 부분이 "사람이 사람된 所以와 道가 道된 所以와 聖人이 가르침을 한 所以가 그 유래한 바를 근원해 보면 한 가지도 하

賦:줄 부　循:따를 순　稟:받을 품　裁:마름질할 재　董:성 동

늘에 근본하고 자신에게 갖춰지지 않은 것이 없으니, 배우는 자가 이것을 알면 학문을 함에 있어 힘쓸 바를 알아서 저절로 그만두지 못할 것이다.〔蓋人之所以爲人 道之所以爲道 聖人之所以爲敎 原其所自 無一不本於天而備於我 學者知之 則其於學 知所用力而自不能已矣〕"로 되어 있다.

道也者는 不可須臾離也니 可離면 非道也라 是故로 君子는 戒愼乎 其所不睹하며 恐懼乎其所不聞이니라

道란 것은 須臾(잠시)도 떠날 수 없는 것이니, 떠날 수 있으면 道가 아니다. 이러므로 君子는 그 보지 않는 바에도 戒愼하며 그 듣지 않는 바에도 恐懼하는 것이다.

道者는 日用事物當行之理니 皆性之德而具於心하여 無物不有하고 無時不然하니 所 以不可須臾離也라 若其可離면 則豈率性之謂哉아 是以로 君子之心이 常存敬畏하여 雖不見聞이라도 亦不敢忽하니 所以存天理之本然하여 而不使離於須臾之頃也니라

道는 日用事物에 마땅히 행하여야 할 理이니, 모두 性의 德으로서 마음에 갖추어져 있어서 사물마다 있지 않음이 없고 때마다 그렇지 않음이 없으니, 이 때문에 잠시도 떠날 수 없는 것이다. 만일 떠날 수 있다면 어찌 率性이라 말할 수 있겠는가. 이러므로 君子의 마음은 항상 공경함과 두려워함을 두어 비록 보고 듣지 않으나 또한 감히 소홀히 하지 않으니, 이 때문에 天理의 本然을 보존하여 잠시 동안이라도 〈道를〉 떠나지 않게 하는 것이다.

莫見(현)乎隱이며 莫顯乎微니 故로 君子는 愼其獨也니라

隱(숨겨진 곳)보다 드러남이 없으며 微(작은 일)보다 나타남이 없으니, 그러므로 君子는 그 홀로를 삼가는 것이다.

隱은 暗處也요 微는 細事也라 獨者는 人所不知而己所獨知之地也라 言 幽暗之中, 細 微之事는 跡雖未形이나 而幾則已動하고 人雖不知나 而己獨知之하니 則是天下之事 無有著見明顯而過於此者라 是以로 君子旣常戒懼하고 而於此에 尤加謹焉하니 所以

臾:잠깐 유 睹:볼 도 頃:잠깐 경 見:드러날 현 顯:나타날 현 幽:그윽할 유

遏人欲於將萌하여 而不使其潛滋暗長[1]於隱微之中하여 以至離道之遠也니라

　隱은 어두운 곳이고 微는 작은 일이다. 獨은 다른 사람들은 미처 알지 못하고 자신만이 홀로 아는 곳이다. 幽暗의 가운데와 細微한 일은, 자취는 비록 나타나지 않았으나 幾微는 이미 動하였고 남은 비록 알지 못하나 자신만은 홀로 알고 있으니, 이는 天下의 일이 드러나 보이고 밝게 나타남이 이보다 더함이 없는 것이다. 이러므로 君子가 이미 항상 戒懼하고 이에 더욱 삼감을 가하는 것이니, 人慾을 장차 싹틀 때에 막아서 隱微한 가운데에 속으로 불어나고 자라나서 道를 떠남이 멂에 이르지 않도록 하는 것이다.

譯註 1. 潛滋暗長 : 潛과 暗은 모두 남이 알지 못하게 속에서 이루어지는 것으로, 악한 마음이 남몰래 불어나고 자라남을 말한다.

喜怒哀樂之未發을 謂之中이요 發而皆中節을 謂之和니 中也者는 天下之大本也요 和也者는 天下之達道也니라

　기뻐하고 노하고 슬퍼하고 즐거워하는 情이 發하지 않은 것을 中이라 이르고, 發하여 모두 節度에 맞는 것을 和라 이르니, 中이란 것은 천하의 큰 근본이요 和란 것은 천하의 공통된 道이다.

喜怒哀樂은 情也요 其未發은 則性也니 無所偏倚故로 謂之中이요 發皆中節은 情之正也니 無所乖戾故로 謂之和라 大本者는 天命之性이니 天下之理가 皆由此出하니 道之體也요 達道者는 循性之謂니 天下古今之所共由니 道之用也라 此는 言性情之德[1]하여 以明道不可離之意하니라

　喜怒哀樂은 情이요 이것이 發하지 않은 것은 性이니, 편벽되고 치우친 바가 없으므로 中이라 이르고, 發함에 모두 節度에 맞는 것은 情의 올바름이니 어그러지는 바가 없으므로 和라 이른다. 大本은 하늘이 명하신 性으로 천하의 이치가 모두 이로 말미암아 나오니 道의 體요, 達道는 性을 따름을 이른 것으로 天下와 古今에 함께 행하는 것이니 道의 用이다. 이는 性情의 德을 말씀하여 道를 떠날 수 없는 뜻을 밝힌 것이다.

譯註 1. 性情之德 : 中은 性의 德이고 和는 情의 德이다.

遏:막을 알　萌:싹 맹　潛:잠길 잠　滋:불어날 자　乖:어그러질 괴　戾:어그러질 려

致中和_면 天地位焉_{하며} 萬物育焉_{이니라}

中과 和를 지극히 하면 天地가 제자리를 편안히 하고 萬物이 잘 生育된다.

致는 推而極之也라 位者는 安其所也요 育者는 遂其生也라 自戒懼而約之¹⁾하여 以至於至靜之中無所偏倚而其守不失이면 則極其中而天地位矣요 自謹獨而精之하여 以至於應物之處無少差謬而無適不然이면 則極其和而萬物育矣라 蓋天地萬物이 本吾一體라 吾之心正이면 則天地之心亦正矣요 吾之氣順이면 則天地之氣亦順矣라 故로 其效驗이 至於如此하니 此는 學問之極功이요 聖人之能事로되 初非有待於外요 而修道之敎 亦在其中矣라 是其一體一用이 雖有動靜之殊나 然이나 必其體立而後에 用有以行하니 則其實은 亦非有兩事也라 故로 於此에 合而言之하사 以結上文之意하시니라

致는 미루어 지극히 함이다. 位는 그 자리를 편안히 함이요, 育은 그 삶을 이루는 것이다. 戒懼로부터 요약하여 지극히 靜한 가운데에 편벽되고 치우친 바가 없어 그 지킴이 잃지 않는 데에 이르면 그 中을 지극히 하여 天地가 제자리를 편안히 할 것이요, 謹獨으로부터 精히 하여 事物을 應하는 곳에 조금도 잘못됨이 없어 가는 곳마다 그렇지 않음이 없는 데에 이르면 그 和를 지극히 하여 萬物이 生育될 것이다. 天地와 萬物이 본래 나와 一體이다. 나의 마음이 바르면 天地의 마음이 또한 바르고 나의 기운이 순하면 天地의 기운이 또한 순하다. 그러므로 그 效驗이 이와 같음에 이르는 것이니, 이는 學問의 지극한 功效요 聖人의 能事인데 애당초 外物을 필요로 하지 않고 修道之敎도 또한 이 안에 들어 있다. 이는 한 體와 한 用이 비록 動·靜의 다름이 있으나 반드시 그 體가 선 뒤에 用이 행해질 수 있으니, 그렇다면 그 실제는 또한 두 일이 있는 것이 아니다. 그러므로 여기에서 합하여 말씀하여 윗글의 뜻을 맺은 것이다.

譯註 1. 約之 : 約은 마음이 흩어지지 않도록 檢束함을 이른다.

右는 第一章이라 子思述所傳之意以立言하사 首明道之本原出於天而不可易과 其實體備於己而不可離하시고 次言存養省察之要하시고 終言聖神功化之極하시니 蓋欲學者於此에 反求諸身而自得之하여 以去夫外誘之私而充其本然之善이니 楊氏所謂一篇之體要 是也라 其下十章은 蓋子思引夫子之言하사 以終此章之義하시니라

致:지극할 치　謬:어그러질 류(무)　適:갈 적　反:돌이킬 반

이상은 제1章이다. 子思께서 傳授한 바의 뜻을 記述하여 글을 지어서 맨 먼저 道의 本原이 하늘에서 나와 바뀔 수 없음과 그 實體가 자기 몸에 갖추어져 떠날 수 없음을 밝히셨고, 다음에 存養(存天理)·省察(遏人欲)의 요점을 말씀하셨고, 맨 끝에 聖神의 功化의 지극함을 말씀하셨으니, 배우는 자들이 이에 대하여 자기 몸에 돌이켜 찾아서 스스로 터득하여 外誘(외물의 유혹)의 사사로움을 버리고 本然의 善을 충만하게 하고자 하신 것이니, 楊氏(楊時)의 이른바 '한 편의 體要'라는 것이 이것이다. 이 아래 열 章은 子思가 夫子의 말씀을 引用하여 이 章의 뜻을 맺으신 것이다.

2. 仲尼曰 君子는 中庸이요 小人은 反中庸이니라

仲尼께서 말씀하셨다. "君子는 中庸을 하고 小人은 中庸에 반대로 한다.

中庸者는 不偏不倚無過不及而平常之理니 乃天命所當然精微之極致也라 唯君子 爲能體之요 小人은 反是니라

中庸은 편벽되지 않고 치우치지 아니하여 過와 不及이 없어서 平常한 이치이니, 바로 天命에 當然한 바 精微함의 극치이다. 오직 君子만이 이를 體行할 수 있고, 小人은 이와 반대이다.

君子之中庸也는 君子而時中이요 小人之〈反〉中庸也는 小人而無 忌憚也니라

君子가 中庸을 함은 君子이면서 때에 맞게 하기 때문이요, 小人이 中庸에 반대로 함은 小人이면서 忌憚이 없기 때문이다."

王肅本[1]에 作小人之反中庸也어늘 程子亦以爲然하시니 今從之하노라
○ 君子之所以爲中庸者는 以其有君子之德하고 而又能隨時以處中也요 小人之所 以反中庸者는 以其有小人之心하고 而又無所忌憚也라 蓋中無定體하여 隨時而在하니 是乃平常之理也라 君子는 知其在我라 故로 能戒謹不覩(睹)하고 恐懼不聞하여 而無 時不中이요 小人은 不知有此하니 則肆欲妄行而無所忌憚矣니라

尼:여승 니 忌:꺼릴 기 憚:꺼릴 탄 肆:방자할 사

王肅의 本에 '小人之反中庸也'로 되어 있는데 程子(伊川)께서도 또한 '이것이 옳다.' 하였으니, 지금 이를 따른다.

○ 君子가 中庸을 하는 까닭은 君子의 德이 있고 또 능히 때에 따라 中에 처하기 때문이요, 小人이 中庸에 반대로 하는 까닭은 小人의 마음이 있고 또 忌憚하는 바가 없기 때문이다. 中은 一定한 體가 없어 때에 따라 있으니, 이것이 바로 平常의 理이다. 君子는 이것이 자신에게 있음을 안다. 이 때문에 보지 않을 때에도 戒愼하고 듣지 않을 때에도 恐懼하여 때마다 맞지 않음이 없고, 小人은 이것이 있음을 알지 못하니 욕심을 부리고 망령되이 행동하여 忌憚하는 바가 없다.

譯註 1. 王肅本 : 王肅은 魏나라 사람으로, 그가 註解한 《禮記》의 〈中庸〉을 가리킨다.

右는 第二章이라 此下十章은 皆論中庸하여 以釋首章之義하니 文雖不屬이나 而意實相承也라 變和言庸者는 游氏曰 以性情言之면 則曰中和요 以德行言之면 則曰中庸이라하니 是也라 然이나 中庸之中이 實兼中和之義[1]하니라

이상은 제2章이다. 이 아래 열 章은 모두 中庸을 논하여 首章의 뜻을 해석하였으니, 글이 비록 연결되지 않으나 뜻은 실로 서로 이어진다. 和를 바꾸어 庸이라고 말한 것은 游氏(游酢)가 말하기를 "性情으로써 말하면 中和라 하고 德行으로써 말하면 中庸이라 한다." 하였으니, 그 말이 옳다. 그러나 中庸의 中은 실로 中和의 뜻을 겸하였다.

譯註 1. 中庸之中 實兼中和之義 : 中庸之中은 中庸의 中이란 뜻이며, 中庸의 가운데란 뜻이 아니다. 朱子는 中을 '不偏不倚無過不及'으로 해석하였는 바, 不偏不倚는 靜時의 未發之中인 性之德을 가리키고 無過不及은 動時의 已發之和인 情之德을 가리키므로 中庸의 中은 中和의 뜻을 겸했다고 말한 것이다.

3. 子曰 中庸은 其至矣乎인저 民鮮能이 久矣니라

孔子께서 말씀하셨다. "中庸은 지극할 것이다. 사람들이 능한 이가 적은 지가 오래되었다."

過則失中이요 不及則未至라 故로 惟中庸之德이 爲至라 然이나 亦人所同得하여 初無

游:헤엄칠 유　鮮:적을 선

難事로되 但世教衰하여 民不興行이라 故로 鮮能之 今已久矣라 論語엔 無能字하니라

　過하면 中을 잃고 不及하면 이르지 못한다. 그러므로 오직 中庸의 德이 지극함이 되는 것이다. 그러나 또한 사람이 똑같이 얻은 바이어서 애당초 어려운 일이 아닌데, 다만 世教가 쇠하여 사람들이 興行하지 않는다. 그러므로 능한 이가 적은 지가 이제 이미 오래된 것이다. ≪論語≫〈雍也〉에는 能字가 없다.

　右는 第三章이라

　　이상은 제3章이다.

4. 子曰 道之不行也를 我知之矣로니 知(智)者는 過之하고 愚者는 不及也일새니라 道之不明也를 我知之矣로니 賢者는 過之하고 不肖者는 不及也일새니라

　孔子께서 말씀하셨다. "道가 행해지지 못하는 이유를 내 아노니, 지혜로운 자는 過하고 어리석은 자는 不及하기 때문이다. 道가 밝아지지 못하는 이유를 내 아노니, 어진 자는 過하고 어질지 못한 자는 不及하기 때문이다.

道者는 天理之當然이니 中而已矣라 知(智)愚賢不肖之過不及은 則生稟之異而失其中也라 知(智)者는 知之過하여 既以道爲不足行하고 愚者는 不及知하고 又不知所以行하니 此道之所以常不行也요 賢者는 行之過하여 既以道爲不足知하고 不肖者는 不及行하고 又不求所以知하니 此道之所以常不明也니라

　道는 天理의 當然함이니, 中일 뿐이다. 智·愚와 賢·不肖의 過하고 不及함은 타고난 資稟이 달라 그 中을 잃은 것이다. 지혜로운 자는 앎이 지나쳐 이미 道를 족히 행할 것이 없다 하고 어리석은 자는 앎에 미치지 못하고 또 행할 바를 알지 못하니, 이는 道가 항상 행해지지 못하는 所以이다. 어진 자는 行이 지나쳐 이미 道를 족히 알 것이 없다 하고, 어질지 못한 자는 行에 미치지 못하고 또 알 바를 구하지 않으니, 이는 道가 항상 밝아지지 못하는 所以이다.

人莫不飲食也언마는 鮮能知味也니라

사람들이 飮食을 먹고 마시지 않는 이가 없건마는 맛을 아는 이가 적다."

道不可離로되 人自不察이라 是以로 有過不及之弊라

道는 떠날 수가 없는데 사람들이 스스로 살피지 않는다. 이 때문에 過하고 不及한 폐단이 있는 것이다.

右는 第四章이라

이상은 제4章이다.

5. 子曰 道其不行矣夫인저

孔子께서 말씀하셨다. "道가 행해지지 못하겠구나."

由不明故로 不行이라

밝지 못하기 때문에 행해지지 못하는 것이다.

右는 第五章이라 此章은 承上章而擧其不行之端하여 以起下章之意니라

이상은 제5章이다. 이 章은 윗장을 이어 〈道가〉 행해지지 못하는 端緒를 들어서 아랫장의 뜻을 일으킨 것이다.

6. 子曰 舜은 其大知(智)也與신저 舜이 好問而好察邇言하사되 隱惡而揚善하시며 執其兩端하사 用其中於民하시니 其斯以爲舜乎신저

孔子께서 말씀하셨다. "舜임금은 큰 지혜이실 것이다. 舜임금은 묻기를 좋아하시고 淺近한 말씀을 살피기 좋아하시되, 惡을 숨겨 주고 善을 드러내시며 두 끝을 잡으시어 그 中을 백성에게 쓰시니, 이 때문에 舜임금이 되신 것이다."

舜之所以爲大知者는 以其不自用而取諸人也라 邇言者는 淺近之言이로되 猶必察焉하시니 其無遺善을 可知라 然이나 於其言之未善者엔 則隱而不宣하고 其善者엔 則播而不匿하여 其廣大光明이 又如此하시니 則人孰不樂告以善哉리오 兩端은 謂衆論不同之

邇:가까울 이　揚:드날릴 양　遺:버릴 유　宣:베풀 선　播:전파할 파　匿:숨길 닉

極致라 蓋凡物이 皆有兩端하니 如小大厚薄之類라 於善之中에 又執其兩端하여 而量度(탁) 以取中然後에 用之하시니 則其擇之審而行之至矣라 然이나 非在我之權度(도) 精切不差면 何以與(예)此리오 此는 知之所以無過不及而道之所以行也니라

舜임금이 큰 지혜가 되신 까닭은 자기 지혜를 쓰지 않고 남에게서 취하셨기 때문이다. 邇言은 淺近한 말인데도 오히려 반드시 살피셨으니, 그 버린 善이 없음을 알 수 있다. 그러나 그 말의 善하지 못한 것은 숨겨 주고 드러내지 않으며 그 善한 것은 퍼뜨리고 숨기지 아니하여 廣大하고 光明함이 또 이와 같으셨으니, 사람들이 그 누가 善으로써 말해 주기를 즐거워하지 않겠는가. 兩端은 衆論이 같지 않음의 극치를 이른다. 모든 사물에는 다 兩端이 있으니, 小와 大, 厚와 薄과 같은 종류이다. 善한 가운데에 또 그 두 끝을 잡고서 헤아려 中을 취한 뒤에 쓰셨으니, 그렇다면 擇함이 자세하고 행함이 지극한 것이다. 그러나 자신에게 있는 權度(저울과 자)가 精하고 간절하여 어그러지지 않는 자가 아니면 어찌 이에 참여할 수 있겠는가. 이는 知가 過・不及이 없어서 道가 행해지게 된 이유이다.

右는 第六章이라

이상은 제6章이다.

7. 子曰 人皆曰予知(智)로되 驅而納諸罟擭陷阱之中而莫之知辟(避)也하며 人皆曰予知로되 擇乎中庸而不能期月守也니라

孔子께서 말씀하셨다. "사람들이 모두 말하기를 내가 지혜롭다 하나 罟擭(그물과 덫)과 陷阱(함정)의 가운데로 몰아 넣어도 피할 줄을 알지 못하며, 사람들이 모두 말하기를 내가 지혜롭다 하나 中庸을 擇하여 期月도 지키지 못한다."

罟는 網也요 擭은 機檻也요 陷阱은 坑坎也니 皆所以掩取禽獸者也라 擇乎中庸은 辨別衆理하여 以求所謂中庸이니 卽上章好問用中之事也라 期月은 匝一月也라 言知禍而不知避하여 以況能擇而不能守하니 皆不得爲知(智)也라

權:저울 권　度:자 도　罟:그물 고　擭:덫 확　陷:함정 함　阱:함정 정　網:그물 망　機:덫 기　檻:우리 함　坑:구덩이 갱　坎:구덩이 감　掩:가릴 엄　匝:돌 잡

罟는 그물이요 擭은 덫이요 陷阱은 구덩이이니, 모두 禽獸를 엄습하여 잡는 것이다.中庸을 택한다는 것은 여러 이치를 변별하여 이른바 中庸이란 것을 찾음이니, 바로 윗장의 묻기를 좋아하고 中을 쓰는 일이다. 期月은 만 1개월이다. 禍를 알면서도 피할 줄을 알지 못함을 말씀하여 능히 中庸을 택하고도 지키지 못함을 비유하였으니, 이는 모두 지혜라 할 수 없는 것이다.

右는 第七章이라 承上章大知而言이요 又擧不明之端하여 以起下章也라

이상은 제7章이다. 윗장의 大智를 이어 말씀하였고, 또 道가 밝아지지 못하는 端緒를 들어 아랫장을 일으킨 것이다.

8. 子曰 回之爲人也 擇乎中庸하여 得一善이면 則拳拳服膺而弗失之矣니라

孔子께서 말씀하셨다. "顔回의 사람됨이 中庸을 擇하여 한 善을 얻으면 拳拳히(잘 받들어) 가슴속에 두어 잃지 않는다."

回는 孔子弟子顔淵名이라 拳拳은 奉持之貌라 服은 猶著(착)也요 膺은 胸也니 奉持而著之心胸之間이니 言能守也라 顔子蓋眞知之라 故로 能擇能守가 如此하시니 此는 行之所以無過不及而道之所以明也니라

回는 孔子의 弟子인 顔淵의 이름이다. 拳拳은 받들어 잡는 모양이다. 服은 著(붙여둠)과 같고 膺은 가슴이니, 잘 받들어 잡아서 마음과 가슴의 사이에 붙여 둠이니, 능히 지킴을 말한 것이다. 顔子는 참으로 알았다. 그러므로 능히 택하고 능히 지킴이 이와 같으셨으니, 이는 行이 過·不及이 없어서 道가 밝아지게 된 이유이다.

右는 第八章이라

이상은 제8章이다.

9. 子曰 天下國家를 可均也며 爵祿을 可辭也며 白刃을 可蹈也로되

拳:정성스러울 권 服:둘 복 膺:가슴 응 著:붙일 착 刃:칼날 인 蹈:밟을 도

中庸은 不可能也니라

孔子께서 말씀하셨다. "天下와 國家를 均平히 다스릴 수 있으며 爵祿을 사양할 수 있으며 흰 칼날을 밟을 수 있으나 中庸은 능히 할 수 없다."

均은 平治也라 三者는 亦知(智)仁勇之事니 天下之至難也라 然이나 皆倚於一偏이라 故로 資之近而力能勉者 皆足以能之어니와 至於中庸하여는 雖若易能이나 然이나 非義精仁熟[1]而無一毫人欲之私者면 不能及也라 三者는 難而易하고 中庸은 易而難하니 此는 民之所以鮮能也니라

均은 平하게 다스림이다. 이 세 가지도 또한 智·仁·勇의 일이니, 천하에 지극히 어려운 일이다. 그러나 모두 한쪽에 치우쳐 있기 때문에 資稟이 이에 가깝고 功力을 힘쓰는 자가 모두 충분히 할 수 있거니와, 中庸에 이르러서는 비록 능하기 쉬울 것 같으나 義가 精하고 仁이 익숙하여 一毫라도 人慾의 私가 없는 자가 아니면 미치지 못한다. 세 가지는 어려우면서도 쉽고, 中庸은 쉬우면서도 어려우니, 이는 사람 중에 능한 이가 적은 이유이다.

譯註 1. 義精仁熟 : 義精은 의리가 정밀해지는 것으로 知工夫에 속하고, 仁熟은 仁이 익숙해지는 것으로 行工夫에 속한다.

右는 第九章이라 亦承上章以起下章이라

이상은 제9章이다. 이 또한 윗장을 이어서 아랫장을 일으킨 것이다.

10. 子路問强한대

子路가 强함을 묻자,

子路는 孔子弟子仲由也라 子路好勇이라 故로 問强이라

子路는 孔子의 弟子 仲由이다. 子路가 용맹을 좋아하였으므로 강함을 물은 것이다.

子曰 南方之强與아 北方之强與아 抑而强與아

孔子께서 말씀하셨다. "南方의 강함인가? 北方의 강함인가? 아니면 네가 강

하게 하여야 할 것인가?

抑은 語辭요 而는 汝也라

　抑은 語助辭이고 而는 너이다.

寬柔以敎요 不報無道는 南方之强也니 君子居之니라

　너그럽고 柔順하여 가르쳐 주고 無道함에 보복하지 않는 것은 南方의 강함이니, 君子가 이에 處한다.

寬柔以敎는 謂含容巽順하여 以誨人之不及也요 不報無道는 謂橫逆之來에 直受之而不報也라 南方은 風氣柔弱이라 故로 以含忍之力勝人으로 爲强하니 君子之道也라

　너그럽고 유순하여 가르쳐 준다는 것은 含容(寬容)하고 巽順(柔順)하여 남의 미치지 못함을 가르쳐 줌이요, 無道함에 보복하지 않는다는 것은 橫逆이 옴에 다만 받기만 하고 보복하지 않는 것이다. 南方은 風氣가 柔弱하기 때문에 包容하고 참는 힘이 남보다 나음을 강함으로 여기니, 君子의 道이다.

袵金革하여 死而不厭은 北方之强也니 而强者居之니라

　兵器와 갑옷을 깔고 자서 죽어도 싫어하지 않는 것은 北方의 강함이니, 강한 자가 이에 처한다.

袵은 席也라 金은 戈兵之屬이요 革은 甲冑之屬이라 北方은 風氣剛勁이라 故로 以果敢之力勝人으로 爲强하니 强者之事也라

　袵은 자리에 까는 것이다. 金은 창과 兵器의 등속이요, 革은 갑옷과 투구의 등속이다. 北方은 風氣가 강하고 군세기 때문에 果敢한 힘이 남보다 나음을 강함으로 여기니, 강한 자의 일이다.

故로 君子는 和而不流하나니 强哉矯여 中立而不倚하나니 强哉矯여

而:너 이　巽:공손할 손　誨:가르칠 회　袵:요 임　席:깔 석　直:다만 직　冑:투구 주

國有道에 不變塞焉하나니 强哉矯여 國無道에 至死不變하나니 强哉矯여

그러므로 君子는 和하나 흐르지 않으니, 강하다 꿋꿋함이여. 中立하여 치우치지 않으니, 강하다 꿋꿋함이여. 나라에 道가 있을 때에는 궁할 적의 意志를 변치 않으니, 강하다 꿋꿋함이여. 나라에 道가 없을 때에는 죽음에 이르러도 志操를 변치 않으니, 강하다 꿋꿋함이여."

此四者는 汝之所當强也라 矯는 强貌니 詩曰 矯矯虎臣이 是也라 倚는 偏著(착)也라 塞은 未達也라 國有道에 不變未達之所守하고 國無道에 不變平生之所守也니 此則所謂 中庸之不可能者니 非有以自勝其人欲之私면 不能擇而守也라 君子之强이 孰大於是리오 夫子以是告子路者는 所以抑其血氣之剛[1]하여 而進之以德義之勇也시니라

이 네 가지는 네가 마땅히 강하게 하여야 할 일이다. 矯는 강한 모양이니, ≪詩經≫〈魯頌 泮水〉에 "矯矯한 虎臣"이라고 한 것이 이것이다. 倚는 치우쳐 붙음이다. 塞은 榮達하지 못함이다. 나라에 道가 있을 때에는 榮達하지 못했을 때에 지키던 바를 변치 않고, 나라에 道가 없을 때에는 平生(平素)에 지키던 바를 변치 않으니, 이는 이른바 '中庸은 능히 할 수 없다.'는 것이다. 이것은 스스로 人慾의 私를 이김이 있는 자가 아니면 擇하여 지킬 수가 없다. 君子의 강함이 무엇이 이보다 크겠는가. 夫子께서 이로써 子路에게 말씀해 주신 것은 血氣의 강함을 抑制하여 德義의 용맹으로써 나아가게 하신 것이다.

譯註 1. 血氣之剛 : 內閣本에는 '血氣'가 '氣血'로 되어 있다.

右는 第十章이라

이상은 제10章이다.

11. 子曰 素〔索〕隱行怪를 後世에 有述焉하나니 吾弗爲之矣로라

孔子께서 말씀하셨다. "隱僻한 것을 찾고 怪異한 것을 행함을 後世에 稱述하는 이가 있는데, 나는 이러한 짓을 하지 않는다.

勁:굳셀 경 矯:굳셀 교 塞:막힐 색 索:찾을 색 怪:괴이할 괴 述:말할 술

素는 按漢書컨대 當作索이니 蓋字之誤也라 索隱行怪는 言深求隱僻之理而過爲詭異之行也라 然이나 以其足以欺世而盜名이라 故로 後世에 或有稱述之者하니 此는 知之過而不擇乎善이요 行之過而不用其中이니 不當强而强者也라 聖人이 豈爲之哉시리오

素는 《漢書》〈藝文志〉를 살펴보면 마땅히 索이 되어야 하니, 글자가 잘못된 것이다. 索隱行怪는 깊이 隱僻한 이치를 찾고 지나치게 怪異한 행실을 하는 것을 말한다. 그러나 이것은 충분히 세상을 속이고 이름을 훔칠 수 있기 때문에 後世에 혹 稱述하는 자가 있으니, 이는 知가 지나쳐서 善을 택하지 못하고 行이 지나쳐서 그 中을 쓰지 못하는 것이니, 마땅히 강하지 말아야 할 경우에 강하게 하는 자이다. 聖人이 어찌 이러한 짓을 하시겠는가.

君子遵道而行하다가 半塗(途)而廢하나니 吾弗能已矣로라

君子가 道를 따라 행하다가 半途(中途)에 폐지하나니, 나는 그만두지 못하노라.

遵道而行은 則能擇乎善矣요 半塗而廢는 則力之不足也니 此는 其知雖足以及之나 而行有不逮니 當强而不强者也라 已는 止也라 聖人於此에 非勉焉而不敢廢요 蓋至誠無息하여 自有所不能止也시니라

道를 따라 행함은 능히 善을 택한 것이요, 中途에 폐함은 힘이 부족한 것이다. 이는 그 知가 비록 충분히 미칠 수 있으나 行이 미치지 못함이 있는 것이니, 마땅히 강하게 해야 할 경우에 강하게 하지 않는 자이다. 已는 그만둠이다. 聖人이 이에 대하여 억지로 힘써서 감히 폐지하지 못하는 것이 아니요, 지극히 성실하고 쉼이 없어서 저절로 그만둘 수 없는 바가 있으신 것이다.

君子依乎中庸하여 遯世不見知而不悔하나니 唯聖者能之니라

君子는 中庸을 따라 세상에 은둔하여 알아줌(인정)을 받지 못해도 後悔하지 않나니, 오직 聖者만이 이에 능하다."

僻:궁벽할 벽　詭:속일 궤　塗:길 도(途通)　逮:미칠 체　依:따를 의　遯:숨을 둔(돈)

不爲索隱行怪면 則依乎中庸而已요 不能半塗而廢라 是以로 遯世不見知而不悔也라 此는 中庸之成德이니 知(智)之盡하고 仁之至하여 不賴勇而裕如者니 正吾夫子之事로되 而猶不自居也라 故로 曰 唯聖者能之而已라하시니라

隱僻한 이치를 찾고 怪異한 행실을 하지 않는다면 中庸을 따를 뿐이요, 中途에 그만두지 않는다. 이 때문에 세상에 은둔하여 알아줌을 받지 못해도 後悔하지 않는 것이다. 이는 中庸의 成德이니, 智가 극진하고 仁이 지극하여 勇을 의뢰하지 않고도 충분한 자이니, 바로 우리 夫子의 일이나 오히려 自處하지 않으셨다. 그러므로 '오직 聖者만이 이에 능하다.'고 하신 것이다.

右는 第十一章이라 子思所引夫子之言以明首章之義者 止此라 蓋此篇大旨는 以知(智)仁勇三達德으로 爲入道之門이라 故로 於篇首에 卽以大舜顔淵子路之事로 明之하시니 舜은 知(智)也요 顔淵은 仁也요 子路는 勇也니 三者에 廢其一이면 則無以造道而成德矣라 餘見(현)第二十章하니라

이상은 제11章이다. 子思께서 夫子의 말씀을 인용하여 首章의 뜻을 밝힌 것이 여기에서 끝났다. 이 篇의 大旨는 智·仁·勇의 三達德을 道에 들어가는 門으로 삼았다. 그러므로 책머리에 곧 大舜·顔淵·子路의 일로써 밝히셨으니, 舜은 智요 顔淵은 仁이요 子路는 勇이니, 이 세 가지 중에 한 가지라도 없으면 道에 나아가 德을 이룰 수 없다. 나머지는 제20章에 보인다.

12. 君子之道는 費而隱이니라

君子의 道는 費하고 隱微하다.

費는 用之廣也요 隱은 體之微也라

費는 用이 넓음이요, 隱은 體가 隱微함이다.

夫婦之愚로도 可以與(예)知焉이로되 及其至也하여는 雖聖人이라도 亦有所不知焉하며 夫婦之不肖로도 可以能行焉이로되 及其至也하여는

裕:넉넉할 유 造:나아갈 조 與:참여할 예

雖聖人이라도 亦有所不能焉하며 天地之大也에도 人猶有所憾이라 故
로 君子語大인댄 天下莫能載焉하며 語小인댄 天下莫能破焉이니라

夫婦의 어리석음으로도 참예하여 알 수 있으나 그 지극함에 이르러서는 비록
聖人이라도 또한 알지 못하는 바가 있으며, 夫婦의 不肖함으로도 행할 수 있으
나 그 지극함에 이르러서는 비록 聖人이라도 또한 능하지 못한 바가 있으며, 天
地의 큼으로도 사람이 오히려 憾하는 바가 있는 것이다. 그러므로 君子가 큰 것
을 말할진댄 天下가 싣지 못하며, 작은 것을 말할진댄 天下가 깨뜨리지 못한다.

君子之道는 近自夫婦居室之間으로 遠而至於聖人天地之所不能盡하여 其大無外하고
其小無內하니 可謂費矣라 然이나 其理之所以然은 則隱而莫之見(현)也라 蓋可知可能
者는 道中之一事요 及其至而聖人不知不能은 則擧全體而言이니 聖人도 固有所不能
盡也라 侯氏曰 聖人所不知는 如孔子問禮問官[1]之類요 所不能은 如孔子不得位, 堯
舜病博施[2]之類라 愚謂 人所憾於天地는 如覆(부)載生成之偏, 及寒暑災祥之不得其
正者라

君子의 道는 가까이는 夫婦가 집에 거처하는 사이로부터 멀리는 聖人과 天地도 다할
수 없음에 이르러서 그 큼이 밖이 없고 그 작음이 안이 없으니, 費하다고 이를 만하다.
그러나 그 이치의 所以然은 은미하여 드러나지 않는다. 알 수 있고 능할 수 있는 것은
道 가운데의 한 가지 일이요, 그 지극함에 이르러 聖人도 알지 못하고 능하지 못한 것
은 全體를 들어 말한 것이니, 聖人도 진실로 다하지 못하는 바가 있다.
侯氏(侯仲良)가 말하였다. "聖人도 알지 못하는 것은 孔子께서 禮를 묻고 官制을 물
은 것과 같은 종류요, 능하지 못한 것은 孔子께서 지위를 얻지 못함과 堯舜이 널리 베
푸는 것을 부족하게 여김과 같은 종류이다."
내(朱子)가 생각하건대 사람이 天地에 대하여 憾한다는 것은 하늘이 덮어주고 땅이
실어주어 生成함에 있어서의 편벽됨과 추위와 더위, 재앙과 상서가 그 바름을 얻지 못
함을 이른다.

譯註 1. 孔子問禮問官 : 問禮는 孔子가 老子에게 禮를 물은 것으로 ≪史記≫ 〈孔子世家〉에
    보이며, 問官은 孔子가 郯子에게 官制를 물은 것으로 ≪春秋左傳≫ 昭公 17年條에

憾:한할 감　覆:덮을 부　暑:더울 서　災:재앙 재　祥:상서 상

보인다.

2. 堯舜病博施 : 博施는 사람들에게 은혜를 널리 베푸는 것으로, ≪論語≫〈雍也〉28
章에 "子貢이 말하기를 '만일 백성에게 은혜를 널리 베풀어 많은 사람을 구제한다
면 어떻겠습니까? 仁하다고 할 만합니까?〔如有博施於民而能濟衆 何如 可謂仁乎〕'
하니, 孔子께서 말씀하셨다. '어찌 仁을 일삼는 데 그치겠는가. 반드시 聖人일 것
이다. 堯舜도 오히려 이것을 부족하게 여기셨을 것이다.〔何事於仁 必也聖乎 堯舜
其猶病諸〕'"라고 보인다.

詩云 鳶飛戾天이어늘 魚躍于淵이라하니 言其上下察也니라

≪詩經≫에 이르기를 "솔개는 날아 하늘에 이르는데 물고기는 연못에서 뛰논
다." 하였으니, 上下에 이치가 밝게 드러남을 말한 것이다.

詩는 大雅旱麓之篇이라 鳶은 鴟類라 戾는 至也요 察은 著也라 子思引此詩하사 以明化
育流行하여 上下昭著가 莫非此理之用이니 所謂費也라 然이나 其所以然者는 則非見
聞所及이니 所謂隱也라 故로 程子曰 此一節은 子思喫緊爲人處니 活潑潑地라하시니
讀者其致思焉이니라

詩는 〈大雅 旱麓篇〉이다. 鳶은 솔개의 종류이다. 戾는 이름이요, 察은 드러남이다.
子思가 이 詩를 인용하여 化育이 流行하여 上下에 밝게 드러남이 이 理의 用 아님이 없
음을 밝혔으니, 이른바 費라는 것이다. 그러나 그 所以然은 보고 들음이 미칠 수 있는
바가 아니니, 이른바 隱이라는 것이다. 그러므로 程子(明道)가 말씀하기를 "이 1節은
子思가 喫緊(要緊)하게 사람을 위한 것으로 活潑潑한(生動感이 넘치는) 곳이다." 하였
으니, 읽는 자들은 생각을 다하여야 할 것이다.

君子之道는 造端乎夫婦니 及其至也하여는 察乎天地니라

君子의 道는 夫婦에게서 단서를 만드니, 그 지극함에 이르러서는 天地에 밝게
드러난다.

結上文이라

鳶:솔개 연 戾:이를 려 躍:뛸 약 旱:가물 한 麓:산기슭 록 鴟:솔개 치 昭:밝을 소
喫:먹을 끽 緊:긴요할 긴 潑:발랄할 발 端:실마리 단

윗글을 맺은 것이다.

右는 第十二章이라 子思之言이니 蓋以申明首章道不可離之意也라 其下八章은 雜引孔子之言以明之니라

　이상은 제12章이다. 이는 子思의 말씀이니, 首章의 '道는 떠날 수 없다.'는 뜻을 거듭 밝힌 것이다. 이 아래 여덟 章은 孔子의 말씀을 섞어 인용하여 이것을 밝힌 것이다.

13. 子曰 道不遠人하니 人之爲道而遠人이면 不可以爲道니라

　孔子께서 말씀하셨다. "道가 사람의 몸에서 멀리 있지 않으니, 사람이 道를 하면서 사람(인간의 윤리와 도덕)을 멀리한다면 道라 할 수 없다.

道者는 率性而已니 固衆人之所能知能行者也라 故로 常不遠於人하나니 若爲道者 厭其卑近하여 以爲不足爲라하고 而反務爲高遠難行之事면 則非所以爲道矣라

　道는 性을 따를 뿐이니, 진실로 衆人(일반인)들도 능히 알고 능히 행할 수 있는 것이다. 그러므로 항상 사람의 몸에서 멀리 있지 않은 것이니, 만일 道를 행하는 자가 그 卑近함을 싫어하여 이는 할 것이 못된다고 하고 도리어 高遠하여 행하기 어려운 일을 힘쓴다면 道를 하는 것이 아니다.

詩云 伐柯伐柯여 其則(칙)不遠이라하니 執柯以伐柯호되 睨而視之하고 猶以爲遠하나니 故로 君子는 以人治人하다가 改而止니라

　《詩經》에 이르기를 '도끼자루를 잡고 도끼자루를 벰이여. 그 법이 멀리 있지 않다.' 하였으니, 도끼자루를 잡고 도끼자루를 베면서도 비스듬히 보고 오히려 멀다고 여긴다. 그러므로 君子는 사람의 도리로써 사람을 다스리다가 잘못을 고치면 그치는 것이다.

申:거듭 신　率:따를 솔　固:진실로 고　厭:싫어할 염　卑:낮출 비　柯:자루 가　睨:흘겨볼 예

詩는 豳風伐柯之篇이라 柯는 斧柄이요 則은 法也라 睨는 邪視[1]也라 言 人執柯伐木以
爲柯者는 彼柯長短之法이 在此柯耳라 然이나 猶有彼此之別이라 故로 伐者視之를 猶
以爲遠也어니와 若以人治人은 則所以爲人之道 各在當人之身하여 初無彼此之別이라
故로 君子之治人也에 卽以其人之道로 還治其人之身이라가 其人能改어든 卽止不治하
나니 蓋責之以其所能知能行이요 非欲其遠人以爲道也라 張子所謂以衆人望人則易
從이 是也니라

　詩는 〈豳風 伐柯篇〉이다. 柯는 도끼자루요, 則은 법이다. 睨는 비스듬히 보는 것이
다. 사람으로서 도끼자루를 잡고 나무를 베어 도끼자루를 만들려는 자는 저 도끼자루
의 길고 짧게 하는 법칙이 이 도끼자루에 달려 있다. 그러나 오히려 彼此의 구별이 있
기 때문에 나무를 베는 자가 이것을 보기를 오히려 멀다고 여긴다. 〈그러나〉 사람의 도
리로써 사람을 다스리는 것으로 말하면 사람이 된 所以의 道가 각각 자신의 몸에 있어
애당초 彼此의 구별이 없다. 그러므로 君子가 사람을 다스릴 적에 그 사람의 도리로써
다시 그 사람의 몸을 다스리다가 그 사람이 잘못을 고치면 즉시 그치고 다스리지 않으
니, 그가 능히 알 수 있고 능히 행할 수 있는 바로써 責하고 사람을 멀리하여 道를 행
하고자 함이 아니다. 張子(張載)의 ≪正蒙≫에 이른바 '衆人으로써 사람에게 기대하면
사람들이 따르기가 쉽다.' 한 것이 바로 이것이다.

譯註 1. 睨 邪視：邪視는 물건을 세밀히 관찰할 때에 한쪽 눈을 감고 비스듬히 보는 것을
　　　　이른다.

忠恕違道不遠하니 施諸己而不願을 亦勿施於人이니라

　忠恕는 道와 거리가 멀지 않으니, 자기 몸에 베풀어 보아 원하지 않는 것을
나 또한 남에게 베풀지 말라는 것이다.

盡己之心爲忠이요 推己及人爲恕라 違는 去也니 如春秋傳에 齊師違穀七里之違라 言
自此至彼에 相去不遠이요 非背而去之之謂也라 道는 卽其不遠人者是也라 施諸己而
不願을 亦勿施於人은 忠恕之事也라 以己之心으로 度(탁)人之心에 未嘗不同이면 則道
之不遠於人者를 可見이라 故로 己之所不欲을 則勿以施於人이니 亦不遠人以爲道之

豳：땅이름 빈　柄：자루 병　邪：기울 사　還：다시 환　違：거리 위

事라 張子所謂以愛己之心愛人則盡仁이 是也니라

　자기 마음을 다함을 忠이라 하고, 자기 마음을 미루어 남에게 미침을 恕라 한다. 違는 거리이니, ≪春秋左傳≫에 이른바 '齊나라 군대가 穀땅에서 7里쯤 떨어져 있다.'는 違와 같으니, 여기로부터 저기에 이름에 相去(거리)가 멀지 않음을 말한 것이고, 위배하여 떠남을 말한 것이 아니다. 道는 바로 사람의 몸에서 멀리 있지 않다는 것이 이것이다. 자기 몸에 베풀어 보아 원하지 않는 것을 나 또한 남에게 베풀지 말라는 것은 忠恕의 일이다. 자기 마음으로써 남의 마음을 헤아려 봄에 일찍이 똑같지 않음이 없다면 道가 사람에게서 멀리 있지 않음을 알 수 있다. 그러므로 자신이 원하지 않는 것을 남에게 베풀지 말라는 것이니, 이 또한 사람을 멀리하지 않고 道를 하는 일이다. 張子의 이른바 '자신을 사랑하는 마음으로써 남을 사랑하면 仁을 다한다.'는 것이 이것이다.

君子之道四에 丘未能一焉이로니 所求乎子로 以事父를 未能也하며 所求乎臣으로 以事君을 未能也하며 所求乎弟로 以事兄을 未能也하며 所求乎朋友로 先施之를 未能也로니 庸德之行하며 庸言之謹하여 有所不足이어든 不敢不勉하며 有餘어든 不敢盡[1]하여 言顧行하며 行顧言이니 君子胡不慥慥爾리오

　君子의 道가 네 가지인데 나(丘)는 그 중에 한 가지도 능하지 못하니, 자식에게 바라는 것으로써 父母를 섬김을 능히 하지 못하며, 신하에게 바라는 것으로써 군주를 섬김을 능히 하지 못하며, 아우에게 바라는 것으로써 형을 섬김을 능히 하지 못하며, 朋友에게 바라는 것을 내가 먼저 베풂을 능히 하지 못한다. 떳떳한 德을 행하며 떳떳한 말을 삼가서 〈行에〉 부족한 바가 있으면 감히 힘쓰지 않치 못하며 〈言이〉 有餘하면 감히 다하지 못하여 말은 행실을 돌아보며 행실은 말을 돌아보아야 하니, 君子가 어찌 慥慥(독실)하지 않겠는가."

譯註 1. 有所不足……不敢盡 : 集註를 보면 不足한 것은 德이고 有餘한 것은 말임을 알 수 있다. 그러나 諺解에는 '有所不足이어든' '有餘어든'으로 토를 달아 集註와 서로 맞지 않으므로 해석에 〈行이〉 부족한 바가 있으면 감히 힘쓰지 않지 못하며, 〈言이〉

庸:떳떳할 용　慥:독실할 조

有餘하면 감히 다하지 못하여'로 풀이하였다. 壺山 역시 "不足과 有餘의 諺讀은 미진한 듯하다. 아마도 集註 가운데 두 개의 而字에 이러한 뜻이 있는가 보다. 다시 생각해 보아야 할 것이다." 하였다.

求는 猶責也라 道不遠人하니 凡己之所以責人者는 皆道之所當然也라 故로 反之以自責而自修焉이라 庸은 平常也라 行者는 踐其實이요 謹者는 擇其可라 德不足而勉이면 則行益力이요 言有餘而訒이면 則謹益至니 謹之至則言顧行矣요 行之力則行顧言矣라 慥慥는 篤實貌니 言 君子之言行如此하니 豈不慥慥乎리오하니 贊美之也라 凡此皆不遠人以爲道之事니 張子所謂以責人之心責己則盡道가 是也니라

求는 責(바람)과 같다. 道가 사람의 몸에서 멀리 있지 않으니, 무릇 자신이 남에게 바라는 것은 모두 道의 當然함이다. 그러므로 자신에게 돌이켜 自責하여 스스로 닦는 것이다. 庸은 平常함이다. 行은 그 실제를 밟는 것이요, 謹은 그 可함을 택하는 것이다. 德行은 不足한데 힘쓴다면 行이 더욱 힘써질 것이요, 말은 有餘한데 참는다면 삼감이 더욱 지극할 것이니, 삼가기를 지극히 하면 말이 行을 돌아보게 될 것이요, 行을 힘쓰면 行이 말을 돌아보게 될 것이다. 慥慥는 篤實한 모양이다. '君子의 言行이 이와 같으니, 어찌 慥慥하지 않겠는가.'라고 말씀하였으니, 찬미한 것이다. 무릇 이는 모두 사람을 멀리 하지 않고 道를 하는 일이니, 張子의 이른바 '남에게 바라는 마음으로 자신을 책하면 道를 다한다.'는 것이 이것이다.

右는 第十三章이라 道不遠人者는 夫婦所能이요 丘未能一者는 聖人所不能이니 皆費也而其所以然者는 則至隱存焉하니 下章放此하니라

이상은 제13章이다. 道가 사람에게 멀리 있지 않다는 것은 夫婦가 능한 바이고 나는 한 가지도 능하지 못하다는 것은 聖人도 능하지 못한 바이니, 이는 모두 費이며, 그 所以然은 지극히 隱微함이 이 안에 들어있는 것이다. 아랫장도 이와 같다.

14. 君子는 素其位而行이요 不願乎其外니라

君子는 현재의 위치(지위)에 따라 행하고, 그 밖의 것을 원하지 않는다.

素는 猶見(現)在也라 言 君子但因見在所居之位하여 而爲其所當爲요 無慕乎其外之

訒:참을 인   放:같을 방(倣通)   素:평소 소

心也라

素는 현재와 같다. 君子가 단지 현재 처해 있는 바의 위치에 따라 마땅히 해야 할 것을 하고, 그 밖의 것을 사모하는 마음이 없음을 말씀한 것이다.

素富貴하얀 行乎富貴하며 素貧賤하얀 行乎貧賤하며 素夷狄하얀 行乎夷狄하며 素患難하얀 行乎患難이니 君子는 無入而不自得焉이니라

현재 富貴에 처해서는 富貴대로 행하며, 貧賤에 처해서는 貧賤대로 행하며, 夷狄에 처해서는 夷狄대로 행하며, 患難에 처해서는 患難대로 행하니, 君子는 들어가는 곳마다 스스로 만족하지 않음이 없다.

此는 言素其位而行也라

이는 현재의 위치를 따라 행함을 말씀한 것이다.

在上位하여 不陵下하며 在下位하여 不援上이요 正己而不求於人이면 則無怨이니 上不怨天하며 下不尤人이니라

윗자리에 있으면서 아랫사람을 능멸하지 않으며 아랫자리에 있으면서 윗사람을 잡아당기지 않고, 자기 몸을 바루고 남에게 요구하지 않으면 원망하는 이가 없을 것이니, 위로는 하늘을 원망하지 않으며 아래로는 사람을 허물하지 않는다.

此는 言不願乎其外也라

이는 그 밖의 것을 원하지 않음을 말씀한 것이다.

故로 君子는 居易以俟命하고 小人은 行險以徼幸이니라

그러므로 君子는 평이함에 처하여 天命을 기다리고, 小人은 위험한 것을 행하면서 요행을 바란다.

狄:오랑캐 적　陵:능멸할 릉　援:당길 원　尤:허물 우　易:평이할 이　俟:기다릴 사

易는 平地也라 居易는 素位而行也요 俟命은 不願乎外也라 徼는 求也요 幸은 謂所不當
得而得者라

易는 平地이다. 居易는 현재의 위치에 따라 행함이요, 俟命은 밖의 것을 원하지 않는
것이다. 徼는 구함이요, 幸은 마땅히 얻어서는 안될 경우에 얻음을 이른다.

子曰 射有似乎君子하니 失諸正鵠이어든 反求諸其身이니라

孔子께서 말씀하셨다. "활쏘기는 君子와 같음이 있으니, 〈활을 쏘아〉正鵠을
잃으면 자기 몸에 돌이켜 찾는다."

畫布曰正이요 棲皮曰鵠[1]이니 皆侯之中, 射之的也라 子思引此孔子之言하여 以結上
文之意하시니라

삼베에 〈표적을〉그려놓은 것을 正이라 하고 가죽을 붙여놓은 것을 鵠이라 하니, 모
두 侯(과녁판)의 한가운데이고 활을 쏘는 표적이다. 子思께서 이 孔子의 말씀을 인용
하여 윗글의 뜻을 맺으신 것이다.

譯註 1. 畫布曰正 棲皮曰鵠 : 삼베로 만든 侯에 표적을 그려놓은 것을 正이라 하고, 가죽으
로 만든 侯에 표적을 그려놓은 것을 鵠이라 한다.

右는 第十四章이라 子思之言也니 凡章首에 無子曰字者는 放此하니라

이상은 제14章이다. 이는 子思의 말씀이니, 무릇 章 첫머리에 '子曰'이란 글자가
없는 것은 이와 같다.

15. 君子之道는 辟(譬)如行遠必自邇하며 辟如登高必自卑니라

君子의 道는 비유하면 먼 곳에 가려면 반드시 가까운 데로부터 하며, 높은 곳
에 오르려면 반드시 낮은 데로부터 함과 같다.

辟는 譬同이라

辟는 譬와 같다.

徼:구할 요　幸:요행 행　鵠:과녁 곡　反:돌이킬 반　棲:붙일 서　侯:과녁판 후　的:표적 적

詩曰 妻子好合이 如鼓瑟琴하며 兄弟旣翕하여 和樂且耽이로다 宜
爾室家하며 樂爾妻帑(孥)라하여늘

《詩經》에 이르기를 "妻子와 정이 좋고 뜻이 합함이 琴瑟을 타는 듯하며, 兄
弟가 이미 화합하여 和樂하고 또 즐겁도다. 너의 室家에 마땅하게 하며(화합하
며) 너의 妻子들을 즐겁게 한다." 하였는데,

詩는 小雅常棣之篇이라 鼓瑟琴은 和也라 翕은 亦合也요 耽은 亦樂也라 帑는 子孫也라

詩는 〈小雅 常棣篇〉이다. 琴瑟을 탄다는 것은 和함이다. 翕 또한 合함이요, 耽 또한
즐거움이다. 帑는 子孫이다.

子曰 父母其順矣乎신저하시니라

孔子께서 말씀하시기를 "〈이렇게 되면〉 父母가 편안하실 것이다." 하셨다.

夫子誦此詩而贊之曰 人能和於妻子하고 宜於兄弟如此면 則父母其安樂之矣신저하시
니 子思引詩及此語하사 以明行遠自邇. 登高自卑之意하시니라

夫子께서 이 詩를 외우고 칭찬하시기를 "사람이 妻子間에 화합하고 兄弟間에 좋음이
이와 같다면 父母가 편안하고 즐거우실 것이다." 하셨다. 子思가 詩와 孔子의 이 말씀
을 인용하여 먼 곳에 가려면 가까운 데로부터 하고 높은 곳에 오르려면 낮은 데로부터
하는 뜻을 밝히신 것이다.

右는 第十五章이라

이상은 제15章이다.

16. 子曰 鬼神之爲德이 其盛矣乎인저

孔子께서 말씀하셨다. "鬼神의 德이 지극하다.

自:부터 자　邇:가까울 이　鼓:두드릴 고　瑟:비파 슬　琴:거문고 금　翕:화할 흡　耽:즐길
탐　帑:처자식 노(孥通)　棣:아가위 체　贊:칭찬할 찬

程子曰 鬼神은 天地之功用이요 而造化之迹也라 張子曰 鬼神者는 二氣之良能也라 愚謂 以二氣言이면 則鬼者는 陰之靈也요 神者는 陽之靈也며 以一氣言이면 則至而伸者爲神이요 反而歸者爲鬼니 其實은 一物而已니라 爲德은 猶言性情功效라

程子(伊川)가 말씀하였다. "鬼神은 天地의 功用이요, 造化의 자취이다."

張子가 말씀하였다. "鬼神은 陰·陽 두 기운의 良能이다."

내(朱子)가 생각하건대 두 기운으로써 말하면 鬼는 陰의 靈이고 神은 陽의 靈이며, 한 기운으로써 말하면 이르러 펴짐은 神이 되고 돌아가 되돌아감은 鬼가 되니, 그 실제는 한 물건일 뿐이다. 爲德은 性情, 功效라는 말과 같다.

視之而弗見하며 聽之而弗聞이로되 體物而不可遺니라

보아도 보이지 않으며 들어도 들리지 않으나 事物의 體(근간)가 되어 빠뜨릴 수 없다.

鬼神이 無形與聲이나 然이나 物之終始가 莫非陰陽合散之所爲니 是其爲物之體而物之所不能遺也라 其言體物은 猶易所謂幹事라

鬼神은 형체와 소리가 없으나 事物의 시작과 종말은 陰陽이 합하고 흩어짐의 所爲 아님이 없으니, 이는 事物의 體가 되어 사물이 능히 빠뜨릴 수가 없다. 體物이라고 말한 것은 《周易》 乾卦 〈文言傳〉의 이른바 '일의 근간이 된다.'는 말과 같다.

使天下之人으로 齊(재)明盛服하여 以承祭祀하고 洋洋乎如在其上하며 如在其左右니라

천하의 사람으로 하여금 齋戒하고 깨끗이 하며 의복을 성대히 하여 제사를 받들게 하고는 洋洋하게 그 위에 있는 듯하며 그 左右에 있는 듯하다.

齊(재)之爲言은 齊(제)也니 所以齊不齊而致其齊(재)也라 明은 猶潔也라 洋洋은 流動充滿之意라 能使人畏敬奉承而發見(현)昭著如此하니 乃其體物而不可遺之驗也라 孔子曰 其氣發揚于上하여 爲昭明焄蒿悽愴[1]하니 此는 百物之精也요 神之著也라하시

遺:빠뜨릴 유 齊:재계할 재(齋同) 焄:태울 훈 蒿:쑥 호 悽:슬플 처 愴:슬플 창

니 正謂此爾니라

齊란 말은 가지런히 함이니, 가지런하지 않음을 가지런히 하여 齊戒함을 지극히 하는 것이다. 明은 潔(깨끗함)과 같다. 洋洋은 流動하고 充滿한 뜻이다. 능히 사람으로 하여금 두려워하고 공경하여 받들게 하고는 發現하고 밝게 드러남이 이와 같으니, 이것이 바로 사물의 體가 되어 빠뜨릴 수 없음의 징험이다. 孔子께서 말씀하시기를 "그 기운이 위에 發揚하여 昭明과 焄蒿와 悽愴이 되니, 이는 온갖 물건의 精이요 神의 드러남이다." 하셨으니, 바로 이를 말씀한 것이다.

譯註 1. 昭明焄蒿悽愴 : 昭明은 鬼神이 밝게 드러남이요, 焄蒿는 기운이 뭉쳐 올라감이요, 悽愴은 子孫들이 肅然히 追慕하는 마음을 일으키는 것으로, 《禮記》〈祭義〉에 보인다. 朱子는 이에 대하여 "鬼神이 빛을 드러내는 곳이 바로 昭明이요, 기운이 훈증하여 올라가는 것이 焄蒿요, 사람들의 정신을 悚然하게 함이 바로 悽愴이다." 하였고, 또 이르기를 "昭明은 바로 光景의 등속이요, 焄蒿는 기운이 사람에게 감촉되는 것이요, 悽愴은 《漢書》에 이른바 '神君이 이르자 그 바람이 肅然하다.'는 것이다." 하였으며, 또 이르기를 "焄蒿는 鬼神의 精氣가 交感하는 곳이다." 하였다.

詩曰 神之格思를 不可度(탁)思온 矧可射(역)思아하니

《詩經》에 이르기를 '神의 이르름을 예측할 수 없으니, 하물며 神을 싫어할 수 있겠는가.' 하였으니,

詩는 大雅抑之篇이라 格은 來也요 矧은 況也라 射은 厭也니 言厭怠而不敬也라 思는 語辭라

詩는 〈大雅 抑篇〉이다. 格은 옴이요 矧은 況(하물며)이다. 射은 싫어함이니, 싫어하고 태만히 하여 공경하지 않음을 말한다. 思는 어조사이다.

夫微之顯이니 誠之不可揜이 如此夫인저

隱微한 것이 드러나니, 誠의 가릴 수 없음이 이와 같구나."

誠者는 眞實無妄之謂라 陰陽合散이 無非實者라 故로 其發見(현)之不可揜이 如此라

格:이를 격 度:헤아릴 탁 矧:하물며 신 射:싫어할 역 揜:가릴 엄

誠은 진실하고 망령됨이 없음을 이른다. 陰陽의 합하고 흩어짐이 진실 아님이 없다. 그러므로 發現되어 가릴 수 없음이 이와 같은 것이다.

右는 第十六章이라 不見不聞은 隱也요 體物如在는 則亦費矣니 此前三章은 以其費之小者而言이요 此後三章은 以其費之大者而言이요 此一章은 兼費隱, 包大小而言이니라

이상은 제16章이다. 보이지 않고 들리지 않음은 隱이요, 사물의 體가 되어 존재하는 것 같음은 또한 費이다. 이 앞의 세 章은 費의 작은 것을 가지고 말씀하였고, 이 뒤의 세 章은 費의 큰 것을 가지고 말씀하였으며, 이 한 章은 費·隱을 겸하고 大·小를 포함하여 말씀하였다.

17. 子曰 舜은 其大孝也與신저 德爲聖人이시고 尊爲天子시고 富有四海之內하사 宗廟饗之하시며 子孫保之하시니라

孔子께서 말씀하셨다. "舜임금은 大孝이실 것이다. 德은 聖人이 되시고 존귀함은 天子가 되시고 富는 四海의 안을 소유하시어 宗廟의 제사를 흠향하시며 子孫을 보전하셨다.

子孫은 謂虞思陳胡公[1]之屬이라

子孫은 虞思와 陳胡公의 등속을 이른다.

譯註 1. 虞思陳胡公 : 虞思와 陳胡公은 모두 춘추시대 사람으로, 虞思는 《春秋左傳》 哀公 元年條에 보이고 陳胡公은 襄公 25年條에 보인다.

故로 大德은 必得其位하며 必得其祿하며 必得其名하며 必得其壽니라

그러므로 大德은 반드시 그 지위를 얻으며, 반드시 그 祿을 얻으며, 반드시 그 이름을 얻으며, 반드시 그 壽를 얻는다.

舜年百有十歲라

廟:사당 묘   饗:흠향할 향

舜임금은 나이가 110歲였다.

故로 天之生物이 必因其材而篤焉하나니 故로 栽者를 培之하고 傾者를 覆之니라

그러므로 하늘이 물건을 낼 적에는 반드시 그 재질을 따라 돈독히 한다. 그러므로 심은 것을 북돋아 주고 기운 것을 엎어버리는 것이다.

材는 質也요 篤은 厚也요 栽는 植也라 氣至而滋息을 爲培요 氣反而游散則覆이라

材는 재질이요 篤은 두터움이요 栽는 심음이다. 기운이 이르러 불어나고 번식함을 培라 하고, 기운이 돌아가 흩어지면 覆이라 한다.

詩曰 嘉樂君子여 憲憲(顯顯)令德이로다 宜民宜人이라 受祿于天이어늘 保佑命之하시고 自天申之라하니

《詩經》에 이르기를 '아름다운(마음씨 착한) 君子여, 드러나고 드러난 훌륭한 德이로다. 백성들에게 마땅하며 사람들에게 마땅하다. 하늘에게 복록을 받아 保佑하여 命하시고 하늘로부터 또다시 거듭한다.' 하였다.

詩는 大雅假樂之篇이라 假는 當依此作嘉요 憲은 當依詩作顯이라 申은 重也라

詩는 〈大雅 假樂篇〉이다. 假는 마땅히 이 《中庸》에 의거하여 嘉가 되어야 하고, 憲은 마땅히 《詩經》에 의거하여 顯이 되어야 한다. 申은 거듭함이다.

故로 大德者는 必受命이니라

그러므로 大德이 있는 자는 반드시 天命을 받는다."

受命者는 受天命爲天子也라

天命을 받는다는 것은 天命을 받아 天子가 되는 것이다.

栽:심을 재 培:북돋을 배 傾:기울 경 覆:뒤집어엎을 복 申:거듭 신 重:거듭 중

右는 第十七章이라 此는 由庸行之常하여 推之以極其至하여 見(현)道之用廣也니 而
其所以然者는 則爲體微矣라 後二章亦此意니라

이상은 제17章이다. 이는 庸行의 떳떳함을 말미암아 미루어서 그 지극함을 다하여
道의 用이 넓음을 나타낸 것이니, 그 所以然은 體가 됨이 隱微하다. 뒤의 두 章도
또한 이러한 뜻이다.

18. 子曰 無憂者는 其惟文王乎신저 以王季爲父하시고 以武王爲子하시니 父作之어시늘 子述之하시니라

孔子께서 말씀하셨다. "근심이 없으신 분은 오직 文王이실 것이다. 王季를 아
버지로 삼으시고 武王을 아들로 삼으셨으니, 아버지가 시작을 하시자 아들이
繼述하였다.

此는 言文王之事라 書에 言王季其勤王家라하니 蓋其所作은 亦積功累仁之事也라

이는 文王의 일을 말씀한 것이다. 《書經》〈武成〉에 '王季가 王家(國家)를 위해 勤
勞하였다.' 하였으니, 그 시작한 것은 또한 功을 쌓고 仁을 많이 하는 일이었다.

武王이 纘大(太)王王季文王之緒하사 壹戎衣而有天下하사되 身
不失天下之顯名하시며 尊爲天子하시고 富有四海之內하사 宗廟饗
之하시며 子孫保之하시니라

武王이 太王·王季·文王의 基業을 이으사 한번 戎衣(전투복)를 입고〈紂王
을 정벌하여〉天下를 소유하셨는데, 몸은 천하의 훌륭한 이름을 잃지 않으셨으
며, 尊貴함은 天子가 되시고 富는 四海의 안을 소유하시어 宗廟의 제사를 흠향
하시며 子孫을 보전하셨다.

此는 言武王之事라 纘은 繼也라 大王은 王季之父也라 書云 大王이 肇基王迹이라하고
詩云 至于大王하여 實始翦商이라하니라 緖는 業也라 戎衣는 甲冑之屬이라 壹戎衣는 武

述:이을 술 纘:이을 찬 戎:군사 융 肇:비롯할 조 翦:칠 전 冑:투구 주

成文이니 言壹著(착)戎衣以伐紂也라

　이는 武王의 일을 말씀한 것이다. 纘은 이음이다. 太王은 王季의 아버지이다. ≪書經≫〈武成〉에 이르기를 "太王이 처음으로 왕업의 기틀을 마련하였다." 하였고, ≪詩經≫〈魯頌 閟宮〉에 이르기를 "太王에 이르러 실제 처음으로 商나라를 쳤다." 하였다. 緖는 基業이다. 戎衣는 갑옷과 투구의 등속이다. 한번 戎衣를 입었다는 것은 ≪書經≫〈武成〉의 글이니, 한번 戎衣를 입고 紂王을 정벌하였음을 이른다.

武王이 末受命이어시늘 周公이 成文武之德하사 追王大王王季하시고 上祀先公以天子之禮하시니 斯禮也 達乎諸侯大夫及士庶人하여 父爲大夫요 子爲士어든 葬以大夫하고 祭以士하며 父爲士요 子爲大夫어든 葬以士하고 祭以大夫하며 期之喪은 達乎大夫하고 三年之喪은 達乎天子하니 父母之喪은 無貴賤一也니라

　武王이 末年(老年)에 天命을 받으시자, 周公이 文王·武王의 德을 이루시어 太王과 王季를 追尊하여 王으로 높이시고 위로 先公을 天子의 禮로써 제사하시니, 이 禮가 諸侯와 大夫 및 士庶人에게까지 통하였다. 그리하여 아버지가 大夫이고 아들이 士이면 장례는 大夫의 禮로써 하고 제사는 士의 禮로써 하며, 아버지가 士이고 아들이 大夫이면 장례는 士의 禮로써 하고 제사는 大夫의 禮로써 하며, 期年喪은 大夫에까지 이르고 三年喪은 天子에까지 이르렀으니, 父母의 喪은 貴賤에 관계없이 똑같았다."

此는 言周公之事라 末은 猶老也라 追王은 蓋推文武之意하여 以及乎王迹之所起也라 先公은 組紺以上至后稷也라 上祀先公以天子之禮는 又推大王王季之意하여 以及於無窮也라 制爲禮法하여 以及天下하여 使葬用死者之爵하고 祭用生者之祿하며 喪服은 自期以下는 諸侯絶하고 大夫降이로되 而父母之喪은 上下同之하니 推己以及人也라

　이는 周公의 일을 말씀한 것이다. 末은 老(老年)와 같다. 追王은 文王·武王의 뜻을 미루어 王者의 자취가 일어난 바에까지 미친 것이다. 先公은 組紺 이상으로부터 后稷

───────────────

著:입을 착　祀:제사 사　期:기년복 기　組:끈 조　紺:아청빛 감

까지이다. 위로 先公을 天子의 禮로써 제사한 것은 또 太王·王季의 뜻을 미루어 무궁한 先代에까지 미친 것이다. 禮法을 制定하여 천하에 미쳐서 葬禮는 죽은 자의 官爵을 쓰고 제사는 산 자의 祿을 쓰게 하며 喪服은 期年으로부터 이하는 諸侯는 없애고 大夫는 줄였는데, 父母의 喪은 上下가 똑같게 하였으니 자기 마음을 미루어 남에게 미친 것이다.

右는 第十八章이라

이상은 제18章이다.

19. 子曰 武王周公은 其達孝矣乎신저

孔子께서 말씀하셨다. "武王과 周公은 누구나 共通으로 칭찬하는 孝이시다.

達은 通也라 承上章而言 武王周公之孝는 乃天下之人이 通謂之孝니 猶孟子之言達尊¹⁾也라

達은 通(공통)이다. 윗장을 이어 武王과 周公의 孝는 천하 사람들이 공통으로 孝라고 칭찬한다고 말씀하셨으니, 孟子가 達尊이라고 말씀하신 것과 같다.

譯註 1. 達尊 : 누구나 共通으로 높이는 것으로 齒·德·爵의 三達尊을 가리키는 바, ≪孟子≫〈公孫丑 下〉2章에 보인다.

夫孝者는 善繼人之志하며 善述人之事者也니라

孝는 사람(부모)의 뜻을 잘 繼承하며, 사람의 일을 잘 傳述(遵行)하는 것이다.

上章엔 言武王纘大王王季文王之緒하여 以有天下하시고 而周公成文武之德하여 以追崇其先祖하시니 此는 繼志述事之大者也라 下文엔 又以其所制祭祀之禮通于上下者로 言之하니라

윗장에는 武王이 太王·王季·文王의 基業을 이어 천하를 소유하셨으며 周公이 文王·武王의 德을 이루어 그 先祖들을 追尊하셨음을 말씀하였으니, 이는 뜻을 계승하고 일을 전술함의 큰 것이다. 下文에는 또 制定한 바 祭祀의 禮가 상하에 通行되는 것을

가지고 말씀하였다.

春秋에 修其祖廟하며 陳其宗器하며 設其裳衣하며 薦其時食이니라

봄과 가을에 先祖의 祠堂을 수리하며 宗廟의 寶器를 진열하며 그(선조) 衣裳을 펴놓으며 제철의 음식을 올린다.

祖廟는 天子七이요 諸侯五요 大夫三이요 適士二요 官師一[1]이라 宗器는 先世所藏之重器니 若周之赤刀, 大訓, 天球, 河圖[2]之屬也라 裳衣는 先祖之遺衣服이니 祭則設之以授尸也라 時食은 四時之食이 各有其物하니 如春行羔豚膳膏香[3]之類가 是也라

先祖의 사당은 天子는 7廟이고 諸侯는 5廟이고 大夫는 3廟이고 適士(元士)는 2廟이고 官師(有司)는 1廟이다. 宗器는 선대로부터 소장해 온 귀중한 器物이니, 周나라의 赤刀·大訓·天球·河圖와 같은 등속이다. 裳衣는 선조가 남기신 의복이니, 제사할 때에는 이것을 펼쳐 尸童에게 준다. 時食은 四時의 음식이 각기 마땅한 물건이 있으니, 봄철에는 염소와 돼지를 쓰되 쇠기름으로 요리하는 것과 같은 따위가 이것이다.

譯註 1. 祖廟……官師一 : 適士는 上士로 天子國의 上士와 中士·下士, 諸侯國의 上士를 이르며 官師는 諸侯國의 中士와 下士로 한 관서의 長을 이른다. 天子는 직계 6대의 三昭三穆과 太祖(始祖)를 합하여 7廟이고, 諸侯는 직계 4대의 二昭二穆과 처음 봉해진 太祖를 합하여 5廟이며, 大夫는 직계 3대를 모셔 3廟이고, 適士는 직계인 2廟이며, 官師는 1廟에 할아버지와 아버지를 함께 모시고, 庶士와 庶人은 사당이 없고 正寢에서 제사하는 바, ≪禮記≫〈祭法〉에 자세히 보인다.

2. 赤刀, 大訓, 天球, 河圖 : 赤刀는 붉은 색을 칠한 칼로 武王이 紂王을 정벌할 때에 쓰던 칼이라 하며, 大訓은 文王·武王의 교훈을 적은 책이다. 天球는 玉의 一種이며, 河圖는 伏羲氏 때에 黃河에서 나온 龍馬의 등에 그려진 그림으로 伏羲氏가 이것을 보고 八卦를 그렸다 한다.

3. 春行羔豚膳膏香 : ≪周禮≫〈天官 庖人〉에 보이는 내용으로, 行은 用과 같고 膳은 요리의 뜻이며, 膏香은 쇠기름을 가리킨다. 이는 봄철에는 제사에 염소와 돼지를 올리되 쇠기름으로 볶고 지져 요리함을 뜻한다.

裳:치마 상　薦:올릴 천　球:둥글 구　遺:남길 유　尸:시동 시　羔:염소 고　豚:돼지 돈
膳:요리할 선　膏:기름 고

宗廟之禮는 所以序昭穆也요 序爵은 所以辨貴賤也요 序事는 所以
辨賢也요 旅酬에 下爲上은 所以逮賤也요 燕毛는 所以序齒也니라

宗廟의 禮는 昭穆을 차례하는 것이요, 官爵에 따라 서열함은 貴賤을 분별하는
것이요, 일을 차례로 맡김은 어짊을 분별하는 것이요, 여럿이 술을 권할 때에
아랫사람이 윗사람을 위하여 〈술잔을 올림은〉 賤한 이에게까지 미치는 것이요,
잔치할 때에 毛髮의 색깔대로 차례함은 年齒를 서열하는 것이다.

宗廟之次는 左爲昭요 右爲穆이니 而子孫이 亦以爲序하여 有事於太廟면 則子姓兄弟
群昭群穆이 咸在而不失其倫焉이라 爵은 公侯卿大夫也요 事는 宗祝[1]有司之職事也라
旅는 衆也요 酬는 導飮也니 旅酬之禮에 賓弟子. 兄弟之子가 各擧觶於其長而衆相酬
하니 蓋宗廟之中엔 以有事爲榮이라 故로 逮及賤者하여 使亦得以申其敬也라 燕毛는
祭畢而燕이면 則以毛髮之色으로 別長幼하여 爲坐次也라 齒는 年數也라

宗廟의 차례는 左가 昭가 되고 右가 穆이 되니, 子孫들 또한 이것으로 차례를 삼아
太廟에 제사가 있게 되면 子姓(子孫)과 兄弟의 여러 昭와 여러 穆이 모두 있어 그 차례
를 잃지 않는다. 爵은 公·侯·卿·大夫요, 事는 宗·祝 등 有司가 맡은 일이다. 旅는
여럿이요, 酬는 인도하여 마시게 하는 것이다. 여럿이 술을 권하는 禮에 賓客 중의 아
우와 아들, 형제의 아들들이 각각 술잔을 어른에게 들어 올리고 여럿이 서로 술을 권하
니, 宗廟 가운데에서는 일을 맡는 것을 영화로 여긴다. 그러므로 천한 자에게까지 미쳐
공경을 펴게 하는 것이다. 燕毛는 제사를 마치고 잔치를 하게 되면 毛髮의 색깔대로 어
른과 어린이를 분별하여 앉는 차례를 정하는 것이다. 齒는 年數(나이)이다.

譯註 1. 宗祝 : 宗은 宗伯·宗人이고, 祝은 太祝·小祝으로 모두 ≪周禮≫에 보인다.

踐其位하여 行其禮하며 奏其樂하며 敬其所尊하며 愛其所親하며 事
死如事生하며 事亡如事存이 孝之至也니라

그(先王) 자리를 밟아 그 禮를 행하고 그 音樂을 연주하며, 그가 존경하시

旅:무리 려 酬:술권할 수 逮:미칠 체 燕:잔치 연 觶:술잔 치 申:펼 신 踐:밟을 천

던 바를 공경하고 그가 親愛하시던 바를 사랑하며, 죽은 이를 섬기기를 산 이를 섬기듯이 하고 없는 이를 섬기기를 생존한 이를 섬기듯이 하는 것이 孝의 지극함이다.

踐은 猶履也라 其는 指先王也라 所尊所親은 先王之祖考子孫臣庶也라 始死를 謂之死요 旣葬則曰反而亡焉이라하니 皆指先王也라 此는 結上文兩節이니 皆繼志述事之意也라

踐은 履(밟음)와 같다. 其는 先王을 가리킨다. 존경하시던 바와 친애하시던 바라는 것은 先王의 祖考와 子孫과 臣庶(신하)들이다. 처음 죽었을 때를 死라 이르고 이미 장례하면 돌아와 봄에 뵐 수가 없다고 하니, 이는 모두 先王을 가리킨다. 이는 윗글의 두 節을 맺은 것이니, 모두 뜻을 계승하고 일을 전술하는 뜻이다.

郊社之禮는 所以事上帝也요 宗廟之禮는 所以祀乎其先也니 明乎郊社之禮와 禘嘗之義면 治國은 其如示諸掌乎인저

郊祭와 社稷제사의 禮는 上帝를 섬기는 것이고 宗廟의 禮는 그 先祖에게 제사지내는 것이니, 郊祭와 社稷제사의 禮와 禘祭·嘗祭의 意義에 밝으면 나라를 다스림은 그 손바닥 위에 놓고 보는 것처럼 쉬울 것이다."

郊는 祭天이요 社는 祭地니 不言后土者는 省(생)文也라 禘는 天子宗廟之大祭니 追祭太祖之所自出於太廟[1]하고 而以太祖配之也라 嘗은 秋祭也니 四時皆祭[2]로되 擧其一耳라 禮必有義하니 對擧之는 互文[3]也라 示는 與視同하니 視諸掌은 言易見也라 此는 與論語文意로 大同小異하니 記有詳略耳니라

郊는 하늘에 제사하는 것이고 社는 땅에 제사하는 것이니, 后土를 말하지 않은 것은 글을 생략한 것이다. 禘는 天子가 宗廟에 지내는 큰 제사이니, 太祖가 붙어(말미암아) 나온 분(始祖)을 太廟에 追祭하고 太祖를 配享한다. 嘗은 가을 제사이니, 四時에 모두 제사하는데 그 중 하나를 들었을 뿐이다. 禮는 반드시 義가 있으니, 〈禮와 義를〉 상대하여 든 것은 互文이다. 示는 視와 같으니, 손바닥 위에 놓고 본다는 것은 보기 쉬움을 말한다. 이는 《論語》〈八佾〉의 글뜻과 大同小異하니, 기록함에

郊:하늘제사 교　社:토지신 사　禘:제사이름 체　嘗:제사이름 상　掌:손바닥 장

상세함과 간략함이 있을 뿐이다.

譯註 1. 追祭太祖之所自出於太廟 : 所自出은 말미암아 나온 것으로 始祖를 이르는 바, 周나라는 文王을 太祖로 삼고 后稷을 始祖로 삼았다. 太廟는 宗廟를 높여 칭한 것이다. 이렇게 제사하는 것은 宗廟에 始祖의 사당이 없기 때문에 文王의 사당에 始祖를 모시고 그 후손인 文王을 配享한 것이다.

2. 四時皆祭 : 周나라는 봄에 지내는 것을 祠(祠), 여름에 지내는 것을 禴, 가을에 지내는 것을 嘗, 겨울에 지내는 것을 烝이라 한다. ≪禮記≫〈王制〉에는 "봄에 지내는 것을 礿, 여름에 지내는 것을 禘라 한다."하였는데, 이것은 夏나라와 商나라의 제도라 한다. 禴과 礿은 통용된다.

3. 互文 : 相互 補完하여 뜻을 나타내는 글을 이른다.

右는 第十九章이라

이상은 제19章이다.

20. 哀公이 問政한대

哀公이 정사를 묻자,

哀公은 魯君이니 名蔣이라

哀公은 魯나라 君主이니, 이름은 蔣이다.

子曰 文武之政이 布在方策하니 其人存則其政擧하고 其人亡則其政息이니이다

孔子께서 말씀하셨다. "文王·武王의 정사가 方策에 펼쳐져 있으니, 그러한 사람이 있으면 그러한 정사가 거행되고 그러한 사람이 없으면 그러한 정사가 종식됩니다.

方은 版也요 策은 簡也라 息은 猶滅也라 有是君, 有是臣이면 則有是政矣라

方은 版(판자)이요, 策은 簡(竹簡·木簡)이다. 息은 滅과 같다. 이러한 군주가 있고

蔣:도울 장 布:펼 포 策:책 책 息:그칠 식 版:판자 판

이러한 신하가 있으면 이러한 정사가 있는 것이다.

人道는 敏政하고 地道는 敏樹하니 夫政也者는 蒲盧(蘆)也니이다

사람의 道는 정사에 빠르게 나타나고 땅의 道는 나무에 빠르게 나타나니, 정사의 신속한 효험은 쉽게 자라는 갈대와 같습니다.

敏은 速也라 蒲盧는 沈括이 以爲蒲葦라하니 是也라 以人立政은 猶以地種樹하여 其成이 速矣요 而蒲葦는 又易生之物이니 其成이 尤速也라 言 人存政擧가 其易如此라

敏은 빠름이다. 蒲盧는 沈括이 "蒲葦(갈대)이다." 하였으니, 옳다. 사람으로써 정사를 세움은 땅에다가 나무를 심는 것과 같아 그 이루어짐이 빠르며, 갈대는 또 쉽게 자라는 물건이어서 그 이루어짐이 더욱 빠르다. 훌륭한 사람이 있으면 정사가 거행됨이 그 쉬움이 이와 같음을 말씀한 것이다.

故로 爲政이 在人하니 取人以身이요 修身以道요 修道以仁이니이다

그러므로 정사를 함이 사람에게 달려 있으니, 사람을 취하되 몸으로써 하고, 몸을 닦되 道로써 하고, 道를 닦되 仁으로써 해야 합니다.

此는 承上文人道敏政而言也라 爲政在人은 家語에 作爲政在於得人하니 語意尤備라 人은 謂賢臣이요 身은 指君身이라 道者는 天下之達道요 仁者는 天地生物之心而人得以生者니 所謂元者善之長也라 言 人君爲政이 在於得人하고 而取人之則(칙)이 又在修身하니 能仁其身이면 則有君有臣而政無不擧矣니라

이는 윗글의 '사람의 道는 정사에 빠르게 나타난다.'는 말을 이어 말씀한 것이다. 爲政在人은 《孔子家語》에 "정사를 함이 사람을 얻음에 있다.〔爲政在於得人〕"로 되어 있으니, 말뜻이 더욱 구비되었다. 人은 賢臣을 이르고 身은 군주의 몸을 가리킨다. 道는 天下의 達道요, 仁은 天地가 물건을 내는 마음으로 사람이 얻어서 태어난 것이니, 《周易》乾卦〈文言傳〉에 이른바 '元은 善의 으뜸'이란 것이다. 인군이 정사를 함은 사람을 얻음에 있고 사람을 취하는 법은 또 몸을 닦음에 있으니, 그 몸을 仁하게 하면 훌륭한 군주가 있고 훌륭한 신하가 있어서 정사가 거행되지 않음이 없음을 말씀한 것이다.

敏:빠를 민　蒲:부들 포　盧:갈대 로(蘆同)　括:모을 괄　葦:갈대 위

仁者는 人也니 親親이 爲大하고 義者는 宜也니 尊賢이 爲大하니 親親之殺(쇄)와 尊賢之等이 禮所生也니이다

仁은 사람의 몸이니 어버이(친척)를 친히 함이 큰 것이 되고, 義는 마땅함이니 어진이를 높임이 큰 것이 되니, 친척을 친히 함의 줄어듦과 어진이를 높임의 등급이 禮가 생겨난 이유입니다.

人은 指人身而言이라 具此生理[1]하여 自然便有惻怛慈愛之意하니 深體味之면 可見이라 宜者는 分別事理하여 各有所宜也요 禮는 則節文斯二者而已라

人은 사람의 몸을 가리켜 말하였다. 이 生理를 갖추고 있어 자연히 惻怛하고 자애로운 뜻이 있으니, 깊이 體得하여 음미하면 볼 수 있다. 宜는 事理를 분별하여 각기 마땅한 바가 있게 하는 것이요, 禮는 이 두 가지(仁과 義)를 節文할 뿐이다.

譯註 1. 具此生理 : 生理는 만물이 낳고 낳는 원리로, 곧 仁의 性을 간직하고 있음을 이른다.

(在下位하여 不獲乎上이면 民不可得而治矣리라)

(아래 지위에 있으면서 윗사람에게 신임을 얻지 못하면 백성을 다스리지 못할 것이다.)

鄭氏曰 此句는 在下하니 誤重在此하니라

鄭氏(鄭玄)가 말하였다. "이 句는 아래에 있으니, 잘못 중복되어 여기에 있다."

故로 君子는 不可以不修身이니 思修身인댄 不可以不事親이요 思事親인댄 不可以不知人이요 思知人인댄 不可以不知天이니이다

그러므로 君子는 몸을 닦지 않을 수 없으니, 몸을 닦을 것을 생각할진댄 어버이를 섬기지 않을 수 없고, 어버이를 섬길 것을 생각할진댄 사람을 알지 않을

殺:줄어들 쇄　具:갖출 구　便:곧 변　惻:슬플 측　怛:슬플 달

수 없고, 사람을 알 것을 생각할진댄 하늘의 이치를 알지 않을 수 없습니다.

爲政在人하고 取人以身이라 故로 不可以不修身이요 修身以道하고 修道以仁이라 故로 思修身인댄 不可以不事親이요 欲盡親親之仁인댄 必由尊賢之義라 故로 又當知人이요 親親之殺와 尊賢之等이 皆天理也라 故로 又當知天이라

정사를 다스림은 사람을 얻음에 있고 사람을 취함은 몸으로써 하기 때문에 몸을 닦지 않을 수 없는 것이요, 몸을 닦음은 道로써 하고 道를 닦음은 仁으로써 하기 때문에 몸을 닦을 것을 생각할진댄 어버이(친척)를 섬기지 않을 수 없는 것이요, 親親의 仁을 다하고자 할진댄 반드시 尊賢의 義를 말미암아야 하기 때문에 또 마땅히 사람을 알아야 하는 것이요, 親親의 줄어듦과 尊賢의 등급이 모두 天理이기 때문에 또 마땅히 하늘의 이치를 알아야 하는 것이다.

天下之達道五에 所以行之者三이니 曰君臣也와 父子也와 夫婦也와 昆弟也와 朋友之交也五者는 天下之達道也요 知(智)仁勇三者는 天下之達德也니 所以行之者는 一也니이다

天下의 達道(공통된 道)가 다섯인데 이것을 행하는 것은 셋이니, 君臣間과 父子間과 夫婦間과 昆弟間(兄弟間)과 朋友間의 사귐 이 다섯 가지는 天下의 達道요, 智・仁・勇 이 세 가지는 天下의 達德(공통된 德)이니, 이것을 행하는 것은 하나입니다.

達道者는 天下古今所共由之路니 卽書所謂五典이요 孟子所謂父子有親, 君臣有義, 夫婦有別, 長幼有序, 朋友有信이 是也라 知(智)는 所以知此也요 仁은 所以體此也요 勇은 所以强此也니 謂之達德者는 天下古今所同得之理也라 一은 則誠而已矣라 達道는 雖人所共由나 然이나 無是三德이면 則無以行之요 達德은 雖人所同得이나 然이나 一有不誠이면 則人欲間之하여 而德非其德矣니라 程子曰 所謂誠者는 止是誠實此三者니 三者之外에 更別無誠이니라

達道는 天下와 古今에 함께 행하여야 할 길이니, 《書經》〈舜典〉에 이른바 '五典

昆:맏 곤　體:체행할 체　强:힘쓸 강　間:낄 간　止:다만 지

(五倫)'이란 것이요, ≪孟子≫〈滕文公 上〉에 이른바 '父子間에는 친함이 있고 君臣間에는 의리가 있고 夫婦間에는 분별이 있고 長幼間에는 차례가 있고 朋友間에는 信이 있어야 한다.'는 것이 이것이다. 智는 이것을 아는 것이요 仁은 이것을 體行하는 것이요 勇은 이것을 힘쓰는 것이니, 이것을 達德이라고 이르는 것은 天下와 古今에 함께 얻은 바의 理이기 때문이다. 一은 곧 誠일 뿐이다. 達道는 비록 사람이 똑같이 행하는 바이나 이 세 가지 德이 없으면 이것을 행할 수 없고, 達德은 비록 사람이 똑같이 얻은 바이나 한 가지라도(조금이라도) 誠實하지 못함이 있으면 人慾이 사이에 끼어서 德다운 德이 아닌 것이다.

程子(?)가 말씀하였다. "이른바 誠이란 것은 다만 이 세 가지를 성실히 하는 것이니, 이 세 가지 외에 다시 다른 誠이 없다."

或生而知之하며 **或學而知之**하며 **或困而知之**하나니 **及其知之**하여는 **一也**니이다 **或安而行之**하며 **或利而行之**하며 **或勉强而行之**하나니 **及其成功**하여는 **一也**니이다

혹은 태어나면서 이것(達道)을 알고 혹은 배워서 이것을 알고 혹은 애를 써서 이것을 아는데, 그 앎에 미쳐서는 똑같습니다. 혹은 편안히 이것을 행하고 혹은 이롭게 여겨서 이것을 행하고 혹은 억지로 힘써서 이것을 행하는데, 그 成功함에 미쳐서는 똑같습니다."

知之者之所知와 行之者之所行은 謂達道也라 以其分而言하면 則所以知者는 知(智)也요 所以行者는 仁也요 所以至於知之成功而一者는 勇也며 以其等而言하면 則生知安行者는 知也요 學知利行者는 仁也요 困知勉行者는 勇也라 蓋人性이 雖無不善이나 而氣稟有不同者라 故로 聞道有蚤莫(早暮)하고 行道有難易라 然이나 能自强不息이면 則其至는 一也니라 呂氏曰 所入之塗(途)雖異나 而所至之域則同하니 此所以爲中庸이라 若乃企生知安行之資하여 爲不可幾及하고 輕困知勉行하여 謂不能有成이라하면 此는 道之所以不明不行也니라

知之의 알 바와 行之의 행할 바는 達道를 이른다. 그 분별로써 말하면 아는 것은 智

蚤:일찍 조(早通) 莫:저물 모(暮同) 息:쉴 식 企:바랄 기

요 행하는 것은 仁이요 知之와 成功에 이르러 똑같은 것은 勇이며, 그 등급으로써 말하면 生知와 安行은 智요 學知와 利行은 仁이요 困知와 勉行은 勇이다. 사람의 本性이 비록 不善함이 없으나 氣稟이 동일하지 않으므로 道를 들음에 이르고 늦음이 있으며 道를 행함에 어렵고 쉬움이 있는 것이다. 그러나 능히 스스로 힘쓰고 쉬지 않으면 그 이르는 경지는 똑같은 것이다.

呂氏(呂大臨)가 말하였다. "들어가는 길은 비록 다르나 이르는 경지는 똑같으니, 이 때문에 中庸이 되는 것이다. 만일 生知와 安行의 資稟을 바라보고 따라갈 수 없다고 여기고 困知와 勉行을 하찮게 여겨 성공이 있지 못하다고 이른다면 이것이 바로 道가 밝아지지 못하고 행해지지 못하는 所以이다."

(子曰) 好學은 近乎知(智)하고 力行은 近乎仁하고 知恥는 近乎勇이니라

(孔子께서 말씀하셨다.) 學問을 좋아함은 智에 가깝고, 힘써 행함은 仁에 가깝고, 부끄러움을 앎은 勇에 가깝다.

子曰 二字는 衍文이라
○ 此는 言 未及乎達德而求以入德之事니 通上文三知爲知(智)와 三行爲仁하면 則 此三近者는 勇之次也니라 呂氏曰 愚者는 自是而不求하고 自私者는 徇人欲而忘返하고 儒者는 甘爲人下而不辭라 故로 好學이 非知(智)나 然이나 足以破愚요 力行이 非仁이나 然이나 足以忘私요 知恥가 非勇이나 然이나 足以起懦니라

子曰 두 글자는 衍文이다.
○ 이는 達德에 미치지 못하여 德에 들어가기를 구하는 일을 말씀한 것이니, 윗글의 三知(生知·學知·困知)는 智가 되고 三行(安行·利行·勉行)은 仁이 됨을 통해 보면 이 세 가지의 가까운 것은 勇의 다음이다.

呂氏(呂大臨)가 말하였다. "어리석은 자는 스스로 옳다 하고 찾지 않으며, 스스로 사사로이 하는 자는 人慾을 따라 돌아올 줄 모르며, 나약한 자는 남의 아래가 됨을 달게 여겨 사양하지 않는다. 그러므로 學問을 좋아함이 智가 아니나 족히 어리석음을 깨뜨릴 수 있고, 힘써 행함이 仁이 아니나 족히 사사로움을 잊을 수 있고, 부끄러움을 앎이

徇:따를 순　返:돌아올 반　懦:나약할 나

勇이 아니나 족히 나약함을 일으킬 수 있는 것이다."

知斯三者면 則知所以修身이요 知所以修身이면 則知所以治人이요 知所以治人이면 則知所以治天下國家矣리라

이 세 가지를 알면 몸을 닦는 바를 알 것이요, 몸을 닦는 바를 알면 남을 다스리는 바를 알 것이요, 남을 다스리는 바를 알면 天下와 國·家(나라와 집안)를 다스리는 바를 알 것이다.

斯三者는 指三近而言이라 人者는 對己之稱이요 天下國家는 則盡乎人矣라 言此하여 以結上文修身之意하고 起下文九經之端也라

이 세 가지란 三近(好學·力行·知恥)을 가리켜 말한 것이다. 人(남)은 자신을 對稱한 것이요, 天下와 國·家는 人을 다한 것이다. 이것을 말씀하여 윗글의 修身의 뜻을 맺고 아랫글의 九經의 단서를 일으킨 것이다.

凡爲天下國家 有九經하니 曰 修身也와 尊賢也와 親親也와 敬大臣也와 體群臣也와 子庶民也와 來百工也와 柔遠人也와 懷諸侯也니라

무릇 天下와 國家를 다스림에 九經(아홉 가지 떳떳한 법)이 있으니, 몸을 닦음과 어진이를 높임과 친척을 친히 함과 大臣을 공경함과 여러 신하들의 마음을 體察함과 여러 백성들을 자식처럼 사랑함과 百工들을 오게 함과 먼 곳의 사람을 懷柔함과 諸侯들을 은혜롭게 하는 것이다.

經은 常也라 體는 謂設以身處其地而察其心也라 子는 如父母之愛其子也라 柔遠人은 所謂無忘賓旅者也라 此는 列九經之目也라 呂氏曰 天下國家之本은 在身이라 故로 修身이 爲九經之本이라 然이나 必親師取友然後에 修身之道進이라 故로 尊賢이 次之하고 道之所進이 莫先其家라 故로 親親이 次之하고 由家以及朝廷이라 故로 敬大臣, 體群

經:법 경 體:체득할 체 子:사랑할 자 懷:품을 회

臣이 次之하고 由朝廷以及其國이라 故로 子庶民, 來百工이 次之하고 由其國以及天下라 故로 柔遠人, 懷諸侯가 次之하니 此는 九經之序也라 視群臣을 猶吾四體하고 視百姓을 猶吾子하니 此는 視臣視民之別也니라

經은 떳떳함이다. 體는 자신이 그 처지에 처한 것으로 가설하여 그 마음을 體察하는 것이다. 子는 父母가 그 자식을 사랑하듯이 하는 것이다. 먼 곳의 사람을 회유한다는 것은 ≪孟子≫〈告子 下〉에 이른바 '손님과 나그네를 잊지 말라'는 것이다. 이는 九經의 조목을 나열한 것이다.

呂氏(呂大臨)가 말하였다. "天下와 國・家의 근본은 몸에 있기 때문에 修身이 九經의 근본이 된다. 그러나 반드시 스승을 친히 하고 벗을 취한 뒤에 修身의 道가 진전되기 때문에 尊賢이 그 다음이 되는 것이요, 道의 나아가는 바가 자기 집안보다 먼저 함이 없기 때문에 親親이 그 다음이 되는 것이요, 집안으로 말미암아 朝廷에 미치기 때문에 敬大臣과 體群臣이 그 다음이 되는 것이요, 朝廷으로 말미암아 나라에 미치기 때문에 子庶民과 來百工이 그 다음이 되는 것이요, 나라로 말미암아 천하에 미치기 때문에 柔遠人과 懷諸侯가 그 다음이 되는 것이니, 이는 九經의 순서이다. 群臣을 보기를 나의 四體(四肢)와 같이 하고 백성을 보기를 나의 자식과 같이 하니, 이는 신하를 봄과 백성을 봄의 구별이다."

修身則道立하고 尊賢則不惑하고 親親則諸父昆弟不怨하고 敬大臣則不眩하고 體群臣則士之報禮重하고 子庶民則百姓勸하고 來百工則財用足하고 柔遠人則四方歸之하고 懷諸侯則天下畏之니라

몸을 닦으면 道가 확립되고, 어진이를 높이면 의혹되지 않고, 친척을 친히 하면 諸父(伯叔父)와 兄弟들이 원망하지 않고, 大臣을 공경하면 혼란하지 않고, 여러 신하들의 마음을 體察하면 선비들의 보답하는 禮가 중하고, 여러 백성들을 사랑하면 백성들이 勸勉하고, 百工들을 오게 하면 財用(財政)이 풍족하고, 먼 곳의 사람을 회유하면 사방이 귀의하고, 諸侯들을 은혜롭게 하면 천하가 두려워한다.

此는 言九經之效也라 道立은 謂道成於己而可爲民表니 所謂皇建其有極이 是也라

不惑은 謂不疑於理요 不眩은 謂不迷於事라 敬大臣이면 則信任專하여 而小臣이 不得以間之라 故로 臨事而不眩也라 來百工이면 則通功易事하여 農末相資라 故로 財用足하고 柔遠人이면 則天下之旅가 皆悅而願出於其塗(途)라 故로 四方歸하고 懷諸侯면 則德之所施者博而威之所制者廣矣라 故로 曰天下畏之라하니라

이는 九經의 효험을 말씀한 것이다. 道立은 道가 자기 몸에 이루어져 백성들의 儀表가 될 만함을 이르니, 《書經》〈洪範〉에 이른바 '皇帝가 極(표준)을 세운다.'는 것이 이것이다. 不惑은 이치에 의혹하지 않음을 이르고, 不眩은 일에 혼란하지 않음을 이른다. 大臣을 공경하면 信任이 專一하여 낮은 신하들이 이간질할 수 없기 때문에 일을 당하여 혼란하지 않는 것이다. 百工들을 오게 하면 기술을 통하고 일을 바꿔 하여 農業과 末業(商工業)이 서로 의뢰하므로 財用이 풍족해지고, 먼 곳의 사람을 회유하면 천하의 나그네가 모두 기뻐하여 그의 길로 나오기를 원하기 때문에 四方이 귀의하고, 諸侯들을 은혜롭게 하면 德의 베풀어짐이 넓고 威嚴의 제어하는 바가 넓어지기 때문에 천하가 두려워한다고 말한 것이다.

齊(재)明盛服하여 非禮不動은 所以修身也요 去讒遠色하며 賤貨而貴德은 所以勸賢也요 尊其位하며 重其祿하며 同其好惡는 所以勸親親也요 官盛任使는 所以勸大臣也요 忠信重祿은 所以勸士也요 時使薄斂은 所以勸百姓也요 日省月試하여 旣稟(餼廩)稱事는 所以勸百工也요 送往迎來하며 嘉善而矜不能은 所以柔遠人也요 繼絶世하며 擧廢國하며 治亂持危하며 朝聘以時하며 厚往而薄來는 所以懷諸侯也니라

齋戒하고 깨끗이 하며 盛服(盛裝)을 하여 禮가 아니면 동하지 않음은 몸을 닦는 것이요, 참소하는 이를 제거하고 女色을 멀리 하며 재물을 천히 여기고 德을 귀하게 여김은 어진이를 勸勉하는 것이요, 그 지위를 높여 주고 祿을 많이 주며

間:이간질할 간 眩:어지러울 현 讒:참소할 참 餼:녹봉 희(餼通) 稟:창고 름(廩同) 稱:걸맞을 칭 嘉:아름다울 가 矜:불쌍할 긍 聘:빙문할 빙

좋아함과 싫어함을 함께 함은 親親을 勸勉하는 것이요, 官屬이 많아서 使令을 마음대로 맡기게 함은 大臣을 권면하는 것이요, 忠信(誠心)으로 대하고 祿을 많이 줌은 선비들을 권면하는 것이요, 철에 따라 부역을 시키고 세금을 적게 거둠은 백성들을 권면하는 것이요, 날로 살펴보고 달로 시험하여 창고의 祿을 줌을 일에 맞추어 함은 百工들을 권면하는 것이요, 가는 이를 전송하고 오는 이를 맞이하며 잘하는 이를 가상히 여기고 능하지 못한 이를 가엾게 여김은 먼 곳의 사람을 회유하는 것이요, 끊긴 代를 이어주고 없어진 나라를 일으켜 주며 혼란한 나라를 다스려 주고 위태로운 나라를 붙들어 주며 朝會와 聘問을 때에 따라 하며 가는 것을 厚하게 하고 오는 것을 薄하게 함은 諸侯들을 은혜롭게 하는 것이다.

此는 言九經之事也라 官盛任使는 謂官屬衆盛하여 足任使令也라 蓋大臣은 不當親細事라 故로 所以優之者如此라 忠信重祿은 謂待之誠而養之厚니 蓋以身體之하여 而知其所賴乎上者如此也라 旣는 讀曰餼니 餼廩(희름)은 稍食也라 稱事는 如周禮稾人職曰 考其弓弩하여 以上下其食이 是也라 往則爲之授節以送之하고 來則豐其委積(자)以迎之라 朝는 謂諸侯見(현)於天子요 聘은 謂諸侯使大夫來獻이라 王制에 比年一小聘하고 三年一大聘하고 五年一朝라 厚往薄來는 謂燕賜厚而納貢薄이라

이는 九經의 일을 말씀한 것이다. 官盛任使는 官屬이 많아서 使令을 충분히 맡길 수 있음을 이른다. 大臣은 작은 일을 친히 해서는 안되기 때문에 우대하기를 이와 같이 하는 것이다. 忠信重祿은 대하기를 정성스럽게 하고 기르기를 후하게 하는 것이니, 자신으로써 體察하여 그 윗사람에게 의뢰함이 이와 같음을 아는 것이다. 旣는 餼로 읽으니, 餼廩은 稍食(祿俸)이다. 稱事는 ≪周禮≫〈稾人職〉에 "弓弩를 상고하여 그 먹는 것(祿俸)을 올리고 내린다."는 것이 이것이다. 갈 때에는 그를 위하여 符節을 주어 보내고, 올 때에는 委積(물자)를 풍족히 하여 맞이하는 것이다. 朝는 諸侯가 天子를 뵙는 것을 이르고, 聘은 諸侯가 大夫로 하여금 天子國에 와서 禮物을 올리게 함을 이른다. ≪禮記≫〈王制〉에 "比年(每年)마다 한 번 작은 빙문을 하고, 3년에 한 번 큰 빙문을 하고, 5년에 한 번 조회한다." 하였다. 厚往薄來는 잔치와 하사를 후하게 하고 貢物의 바침을 박하게 함을 이른다.

稍:녹먹을 초　稾:짚 고　弩:쇠뇌 노　委:쌓일 위　積:쌓일 자

凡爲天下國家 有九經하니 所以行之者는 一也니라

무릇 天下와 國·家를 다스림에 九經이 있으니, 이것을 행하는 것은 하나이다.

一者는 誠也니 一有不誠이면 則是九者 皆爲虛文矣라 此는 九經之實也라

一은 誠이니, 한 가지라도 성실하지 못함이 있으면 이 九經이 모두 빈 글이 된다. 이는 九經의 실제이다.

凡事 豫則立하고 不豫則廢하나니 言前定則不跲하고 事前定則不困하고 行前定則不疚하고 道前定則不窮이니라

모든 일은 미리 하면 성립되고, 미리 하지 않으면 폐해진다. 말을 미리 정하면 차질이 없고, 일을 미리 정하면 곤궁하지 않고, 행동을 미리 정하면 결함이 없고, 道를 미리 정하면 궁하지 않다.

凡事는 指達道, 達德, 九經之屬이라 豫는 素定也라 跲은 躓也요 疚는 病也라 此는 承上文하여 言 凡事를 皆欲先立乎誠이니 如下文所推 是也라

모든 일은 達道·達德·九經의 등속을 가리킨다. 豫는 평소에 미리 정함이다. 跲은 넘어짐이요, 疚는 病(하자, 결함)이다. 이는 윗글을 이어 모든 일을 다 먼저 誠에 세우고자 함을 말씀하였으니, 아랫글에 미루어 나감과 같은 것이 이것이다.

在下位하여 不獲乎上이면 民不可得而治矣리라 獲乎上이 有道하니 不信乎朋友면 不獲乎上矣리라 信乎朋友 有道하니 不順乎親이면 不信乎朋友矣리라 順乎親이 有道하니 反諸身不誠이면 不順乎親矣리라 誠身이 有道하니 不明乎善이면 不誠乎身矣리라

아랫자리에 있으면서 윗사람에게 신임을 얻지 못하면 백성을 다스리지 못할 것이다. 윗사람에게 신임을 얻는 것이 방법이 있으니, 朋友에게 믿음을 받지 못

豫:미리 예 跲:넘어질 겁 疚:병들 구 躓:넘어질 질

하면 윗사람에게 신임을 얻지 못할 것이다. 朋友에게 믿음을 받는 것이 방법이 있으니, 어버이에게 순하지 못하면 朋友에게 믿음을 받지 못할 것이다. 어버이에게 순함이 방법이 있으니, 자기 몸에 돌이켜보아 성실하지 못하면 어버이에게 순하지 못할 것이다. 몸을 성실히 함이 방법이 있으니, 善을 밝게 알지 못하면 몸을 성실히 하지 못할 것이다.

此는 又以在下位者로 推言素定之意라 反諸身不誠은 謂反求諸身하여 而所存所發[1]이 未能眞實而無妄也라 不明乎善은 謂不能察於人心天命之本然하여 而眞知至善之所在也라

이는 또 아랫자리에 있는 자로써 평소에 미리 정하여야 하는 뜻을 미루어 말씀한 것이다. 자기 몸에 돌이켜보아 성실하지 못하다는 것은 자기 몸에 돌이켜 찾아봄에 마음에 둔 바와 發하는 바가 眞實하고 망령됨이 없지 못함을 이른다. 善을 밝게 알지 못한다는 것은 人心과 天命의 本然을 살펴 至善이 있는 곳을 참으로 알지 못함을 이른다.

譯註 1. 所存所發 : 所存은 평상시 마음에 보존하는 것이고 所發은 생각이 나오는 것으로, ≪大學≫으로 말할 경우 所存은 正心의 心에 해당하고 所發은 誠意의 意에 해당한다.

誠者는 天之道也요 誠之者는 人之道也니 誠者는 不勉而中하며 不思而得하여 從容中道하나니 聖人也요 誠之者는 擇善而固執之者也니라

성실한 자는 하늘의 道요, 성실히 하려는 자는 사람의 道이니, 성실한 자는 힘쓰지 않고도 道에 맞으며 생각하지 않고도 알아서 從容히 道에 맞으니 聖人이요, 성실히 하려는 자는 善을 택하여 굳게 잡는(지키는) 자이다.

此는 承上文誠身而言이라 誠者는 眞實無妄之謂니 天理之本然也요 誠之者는 未能眞實無妄而欲其眞實無妄之謂니 人事之當然也라 聖人之德이 渾然天理라 眞實無妄하여 不待思勉而從容中道하니 則亦天之道也요 未至於聖이면 則不能無人欲之私하여

素:평소 소　中:맞을 중　渾:온전할 혼

而其爲德이 不能皆實이라 故로 未能不思而得하여 則必擇善然後에 可以明善이요 未能不勉而中하여 則必固執而後에 可以誠身이니 此則所謂人之道也라 不思而得은 生知也요 不勉而中은 安行也라 擇善은 學知以下之事요 固執은 利行以下之事也라

이는 윗글의 誠身을 이어 말씀한 것이다. 誠은 眞實(誠實)하고 망령됨이 없음을 이르니 天理의 本然이요, 誠之는 능히 진실하고 망령됨이 없지 못하여 진실하고 망령됨이 없고자 하는 것을 이르니 人事의 當然함이다. 聖人의 德은 渾然히 天理여서 진실하고 망령됨이 없어 생각함과 힘씀을 기다리지 않고도 從容히 道에 맞으니 그렇다면 이 또한 하늘의 道인 것이다. 聖人에 이르지 못하면 人慾의 사사로움이 없지 못하여 그의 德이 다 진실할 수가 없다. 그러므로 생각하지 않고 알 수가 없어서 반드시 善을 택한 뒤에야 善을 밝게 알 수 있고, 힘쓰지 않고 道에 맞을 수가 없어서 반드시 굳게 잡은 뒤에야 몸을 성실히 할 수 있으니, 이것이 이른바 사람의 道란 것이다. 생각하지 않고도 앎은 태어나면서 저절로 아는 것(生而知之)이요, 힘쓰지 않고도 道에 맞음은 편안히 행하는 것(安而行之)이다. 善을 택함은 배워서 아는 것(學而知之) 이하의 일이요, 굳게 잡음은 이롭게 여겨 행하는 것(利而行之) 이하의 일이다.

博學之하며 審問之하며 愼思之하며 明辨之하며 篤行之니라

이것을 널리 배우며 자세히 물으며 신중히 생각하며 밝게 분변하며 독실히 행하여야 한다.

此는 誠之之目也라 學問思辨은 所以擇善而爲知(智)니 學而知也요 篤行은 所以固執而爲仁이니 利而行也라 程子曰 五者에 廢其一이면 非學也니라

이것은 성실히 하는 條目이다. 배우고 묻고 생각하고 분변함은 善을 택하는 것으로서 智가 되니 배워서 아는 것이요, 독실히 행함은 굳게 잡는 것으로서 仁이 되니 이롭게 여겨 행하는 것이다.

程子(伊川)가 말씀하였다. "이 다섯 가지 중에 그 하나라도 폐하면 學問이 아니다."

有弗學이언정 學之인댄 弗能이어든 弗措也하며 有弗問이언정 問之인댄 弗知어든 弗措也하며 有弗思언정 思之인댄 弗得이어든 弗措也하며 有

弗辨이언정 辨之인댄 弗明이어든 弗措也하며 有弗行이언정 行之인댄 弗篤이어든 弗措也하여 人一能之어든 己百之하며 人十能之어든 己千之니라

배우지 않음이 있을지언정 배울진댄 능하지 못하거든 놓지 말며, 묻지 않음이 있을지언정 물을진댄 알지 못하거든 놓지 말며, 생각하지 않음이 있을지언정 생각할진댄 터득하지 못하거든 놓지 말며, 분변하지 않음이 있을지언정 분변할진댄 분명하지 못하거든 놓지 말며, 행하지 않음이 있을지언정 행할진댄 독실하지 못하거든 놓지 말아서 남이 한 번에 능하거든 나는 백 번을 하며 남이 열 번에 능하거든 나는 천 번을 하여야 한다.

君子之學이 不爲則已어니와 爲則必要其成이라 故로 常百倍其功하니 此는 困而知, 勉而行者也니 勇之事也라

君子의 배움은 하지 않으면 그만이거니와 할진댄 반드시 그 완성을 要한다. 그러므로 항상 그 工夫를 百倍로 하는 것이니, 이는 애써서 알고 힘써서 행하는 자이니, 勇의 일이다.

果能此道矣면 雖愚나 必明하며 雖柔나 必强이니라

과연 이 道(방법)에 능하면 비록 어리석으나 반드시 밝아지며, 비록 柔弱하나 반드시 강해진다.

明者는 擇善之功이요 强者는 固執之效라 呂氏曰 君子所以學者는 爲能變化氣質而已니 德勝氣質이면 則愚者可進於明하고 柔者可進於强이요 不能勝之면 則雖有志於學이나 亦愚不能明하고 柔不能立而已矣라 蓋均善而無惡者는 性也니 人所同也요 昏明强弱之稟이 不齊者는 才也니 人所異也라 誠之者는 所以反其同而變其異也니 夫以不美之質로 求變而美인댄 非百倍其功이면 不足以致之어늘 今以鹵莽(노무)滅裂之學으로 或作或輟하여 以變其不美之質이라가 及不能變하여는 則曰 天質不美는 非學所

措:버려둘 조　鹵:황폐할 로　莽:황폐할 무　作:일할 작　輟:거둘 철

能變이라하니 是는 果於自棄니 其爲不仁이 甚矣로다

밝아짐은 擇善의 功效요, 강해짐은 固執의 功效이다.

呂氏(呂大臨)가 말하였다. "君子가 배우는 까닭은 氣質을 變化시키기 위해서일 뿐이니, 德이 氣質을 이기면 어리석은 자가 밝음에 나아가고 유약한 자가 강함에 나아갈 수 있으며, 이기지 못하면 비록 배움에 뜻을 두더라도 어리석은 자가 밝아지지 못하고 유약한 자가 서지 못할 것이다. 똑같이 善하고 惡함이 없음은 性이니 사람이 동일한 바요, 어둡고 밝고 강하고 약함을 받은 것이 같지 않음은 才質이니 사람이 각기 다른 바이다. 성실히 하는 것은 그 똑같음을 회복하고 그 다름을 변화시키는 것이다. 아름답지 못한 자질로써 변화하여 아름다워지기를 구할진댄 工夫를 百倍로 하지 않으면 이룰 수가 없다. 그런데 이제 鹵莽(거칠고 소략함)하고 滅裂한 배움으로 혹 하기도 하고 혹 중단하기도 하면서 아름답지 못한 資質을 변화시키다가 변화되지 못함에 이르면 '타고난 資質이 아름답지 못함은 배워서 변화시킬 수 있는 것이 아니다.'라고 말한다. 이는 스스로 포기함에 과감한 것이니, 그 不仁함이 심한 것이다."

右는 第二十章이라 此는 引孔子之言하여 以繼大舜文武周公之緒하여 明其所傳之一致하여 擧而措之면 亦猶是爾니 蓋包費隱하고 兼小大하여 以終十二章之意라 章內에 語誠始詳하니 而所謂誠者는 實此篇之樞紐也라 又按 孔子家語에 亦載此章而其文尤詳하니 成功一也之下에 有公曰 子之言이 美矣至矣나 寡人이 實固不足以成之也라 故로 其下에 復以子曰로 起答辭어늘 今無此問辭로되 而猶有子曰二字하니 蓋子思刪其繁文하여 以附于篇이로되 而所刪이 有不盡者니 今當爲衍文也요 博學之以下는 家語에 無之하니 意彼有闕文이어나 抑此或子思所補也歟인저

이상은 제20章이다. 이는 孔子의 말씀을 인용하여 大舜과 文王·武王·周公의 전통을 이어 그 전한 바가 일치해서 이것을 들어다가 놓으면 또한 이와 같게 됨을 밝히신 것이니, 費隱을 포함하고 小大를 겸하여 12章의 뜻을 마친 것이다. 이 章 안에 誠을 말한 것이 처음으로 상세하니, 이른바 誠이란 것은 진실로 이 篇의 樞紐(중요한 부분)이다.

또 살펴보건대 ≪孔子家語≫〈哀公問政〉에 또한 이 章이 실려 있는데, 그 글이 더욱 상세하다. '成功一也'의 아래에 "哀公이 말씀하기를 '先生의 말씀이 아름답고 지

樞:문지도리 추 紐:인끈 뉴, 맺을 뉴 刪:깎을 산 衍:남을 연

극하나 寡人이 실로 固陋하여 이것을 이룰 수 없습니다.' 하였다."라는 내용이 있다.
그러므로 그 아래에 다시 '子曰'로써 답한 말씀을 일으킨 것인데 이제 여기에는 이
묻는 말이 없는데도 그대로 '子曰'이란 두 글자가 있으니, 이는 아마도 子思가 번잡
한 글을 삭제하여 篇에 붙이되 삭제한 것이 다하지 못함이 있는 듯하니, 이제 마땅
히 衍文이 되어야 할 것이요, '博學之' 이하는 ≪孔子家語≫에 없으니, 짐작건대 저
≪孔子家語≫에 빠진 글이 있거나 아니면 이것은 혹 子思가 보충하신 것인 듯하다.

21. 自誠明을 謂之性이요 自明誠을 謂之敎니 誠則明矣요 明則誠矣니라

誠으로 말미암아 밝아짐을 性이라 이르고 明으로 말미암아 성실해짐을 敎라
이르니, 성실하면 밝아지고 밝아지면 성실해진다.

自는 由也라 德無不實而明無不照者는 聖人之德이 所性而有者也니 天道也요 先明
乎善而後에 能實其善者는 賢人之學이 由敎而入者也니 人道也라 誠則無不明矣요
明則可以至於誠矣니라

自는 말미암음이다. 德이 성실하지 않음이 없고 밝음이 비추지 않음이 없는 자는 聖
人의 德으로서 性대로 하여 간직한 자이니 하늘의 道요, 먼저 善을 밝게 안 뒤에 그 善
을 성실히 하는 자는 賢人의 배움으로서 가르침을 말미암아 들어가는 자이니 사람의
道이다. 성실해지면 밝지 않음이 없고 밝아지면 성실함에 이를 수 있다.

右는 第二十一章이라 子思承上章夫子天道人道之意而立言也라 自此以下十二章
은 皆子思之言이니 以反覆推明此章之意니라

이상은 제21章이다. 이는 子思가 윗장에 있는 夫子의 天道·人道의 뜻을 이어 말
씀한 것이다. 이로부터 이하 열두 章은 모두 子思의 말씀이니, 反覆하여 이 章의 뜻
을 미루어 밝히신 것이다.

22. 惟天下至誠이야 爲能盡其性이니 能盡其性이면 則能盡人之性이요 能盡人之性이면 則能盡物之性이요 能盡物之性이면 則可以贊天地之化育이요 可以贊天地之化育이면 則可以與天地參矣니라

오직 天下에 지극히 성실한 분이어야 능히 그 性을 다할 수 있으니, 그 性을 다하면 능히 사람의 性을 다할 것이요, 사람의 性을 다하면 능히 물건의 性을 다할 것이요, 물건의 性을 다하면 天地의 化育을 도울 것이요, 天地의 化育을 도우면 天地와 더불어 참여하게 될 것이다.

天下至誠은 謂聖人之德之實이 天下莫能加也라 盡其性者는 德無不實이라 故로 無人欲之私하여 而天命之在我者를 察之由之하여 巨細精粗가 無毫髮之不盡也라 人物之性이 亦我之性이로되 但以所賦形氣不同而有異耳라 能盡之者는 謂知之無不明而處之無不當也라 贊은 猶助也라 與天地參은 謂與天地竝立而爲三也라 此는 自誠而明者[1]之事也라

天下의 至誠은 聖人의 德의 성실함이 천하에 더할 수 없음을 이른다. 그 性을 다한다는 것은 德이 성실하지 않음이 없기 때문에 人慾의 사사로움이 없어 자신에게 있는 天命을 살피고 행하여 크고 작음과 精하고 거칢이 털끝만큼도 다하지 않음이 없는 것이다. 사람과 물건의 性이 또한 나의 性인데, 다만 부여받은 바의 形氣가 같지 않기 때문에 다름이 있을 뿐이다. 능히 다한다는 것은 앎이 밝지 않음이 없고 처함이 마땅하지 않음이 없음을 이른다. 贊은 助와 같다. 天地와 더불어 참여한다는 것은 天地와 더불어 함께 서서 셋이 됨을 이른다. 이는 誠으로 말미암아 밝아지는 자의 일이다.

譯註 1. 自誠而明者 : 天道를 따르는 聖人을 가리킨다. 誠은 성실히 행하는 것이고 知는 밝게 아는 것인 바, 聖人은 태어나면서부터 성실하여 잘못하는 것이 없고 오히려 커가면서 알기 때문에 誠으로 말미암아 밝아진다고 한 것이다. 賢人 이하는 배워서 善惡을 알아 택한 뒤에 善을 행할 수 있으므로 '明으로 말미암아 성실해진다.〔自明而誠〕'라고 한 것이다.

右는 第二十二章이라 言天道也라

이상은 제22章이다. 天道를 말씀하였다.

23. 其次는 致曲이니 曲能有誠이니 誠則形하고 形則著하고 著則明하고 明則動하고 動則變하고 變則化니 唯天下至誠이야 爲能化니라

贊:도울 찬　巨:클 거　曲:부분 곡　形:나타날 형

그 다음은 한쪽을 지극히 함이니, 한쪽을 지극히 하면 능히 성실할 수 있다. 성실하면 나타나고, 나타나면 더욱 드러나고, 더욱 드러나면 밝아지고, 밝아지면 감동시키고, 감동시키면 變하고, 變하면 化할 수 있으니, 오직 天下에 지극히 성실한 분이어야 능히 化할 수 있다.

其次는 通大賢以下凡誠有未至者而言也라 致는 推致也요 曲은 一偏也라 形者는 積中而發外요 著則又加顯矣요 明則又有光輝發越之盛也라 動者는 誠能動物이요 變者는 物從而變이요 化則有不知其所以然者라 蓋人之性이 無不同이나 而氣則有異라 故로 惟聖人이 能擧其性之全體而盡之요 其次則必自其善端發見(현)之偏而悉推致之하여 以各造其極也라 曲無不致면 則德無不實하여 而形著動變之功이 自不能已니 積而至於能化하면 則其至誠之妙가 亦不異於聖人矣리라

그 다음이란 大賢 이하로 무릇 성실함에 지극하지 못함이 있는 자를 통틀어 말한 것이다. 致는 미루어 지극히 함이요, 曲은 한쪽이다. 形은 속에 쌓여 밖에 나타남이요, 著는 또 더 드러남이요, 明은 또 광휘의 發越(發散)함이 盛함이 있는 것이다. 動은 성실함이 남을 감동시킴이요, 變은 남이 따라 변하는 것이요, 化는 그 所以然을 모름이 있는 것이다. 사람의 性은 같지 않음이 없으나 氣는 다름이 있다. 그러므로 오직 聖人만이 그 性의 全體를 들어 다하는 것이요, 그 다음은 반드시 善한 단서가 發見되는 한쪽으로부터 모두 미루어 지극히 하여 각각 그 지극함에 나아가는 것이다. 한쪽을 지극히 하지 않음이 없으면 德이 성실하지 않음이 없어 形·著·動·變의 功效가 저절로 그치지 않을 것이니, 이것이 쌓여 능히 化함에 이르면 至誠의 妙함이 또한 聖人과 다르지 않을 것이다.

右는 第二十三章이라 言人道也라

이상은 제23章이다. 人道를 말씀하였다.

24. 至誠之道는 可以前知니 國家將興에 必有禎祥하며 國家將亡에 必有妖孽하여 見(현)乎蓍龜하며 動乎四體라 禍福將至에 善을 必先知之하며 不善을 必先知之하나니 故로 至誠은 如神이니라

越:흩어질 월　悉:다 실　禎:상서로울 정　妖:요망할 요　孽:재앙 얼　蓍:시초점 시

至誠의 道는 일이 닥쳐오기 전에 미리 알 수 있으니, 국가가 장차 일어나려 할 적에는 반드시 상서로운 조짐이 있으며 국가가 장차 망하려 할 적에는 반드시 妖怪스러운 일이 있어, 이것이 시초점과 거북점에 나타나며 四體에 動한다. 그리하여 禍와 福이 장차 이를 적에 좋을 것을 반드시 먼저 알며 좋지 못할 것을 반드시 먼저 안다. 그러므로 至誠은 神과 같은 것이다.

禎祥者는 福之兆요 妖孽者는 禍之萌이라 蓍는 所以筮요 龜는 所以卜이라 四體는 謂動作威儀之間이니 如執玉高卑, 其容俯仰[1]之類라 凡此는 皆理之先見(현)者也라 然이나 唯誠之至極하여 而無一毫私僞留於心目之間者라야 乃能有以察其幾焉이라 神은 謂鬼神이라

禎祥은 福의 조짐이요, 妖孽은 禍의 싹이다. 蓍는 시초점을 치는 것이요, 龜는 거북점을 치는 것이다. 四體는 動作과 威儀의 사이를 이르니, 예컨대 玉을 잡기를 높게 하고 낮게 함에 그 얼굴을 숙이고 쳐드는 것과 같은 등속이다. 무릇 이러한 것은 모두 이치가 먼저 나타난 것이나 오직 성실함이 지극하여 一毫의 사사로움과 거짓이 마음과 눈의 사이에 머물러 있지 않은 자라야 비로소 그 幾微를 살필 수 있는 것이다. 神은 鬼神을 이른다.

譯註 1. 執玉高卑 其容俯仰 : 이 내용은 《春秋左傳》 定公 15年條에 보인다. 邾나라 隱公이 魯나라로 조회를 왔는데, 子貢이 이것을 구경하였다. 隱公은 禮物인 玉을 잡아 올릴 적에 너무 높게 하여 얼굴을 너무 쳐들었고, 定公은 玉을 받을 적에 너무 낮게 하여 얼굴을 너무 숙였다. 子貢은 이것을 보고 말하기를 "禮를 가지고 관찰해 보건대 두 나라 君主가 모두 死亡할 조짐이 있다.〔以禮觀之 二君者皆死亡焉〕" 하였는데, 그후 그의 豫見이 과연 적중하였다.

右는 第二十四章이라 言天道也라

이상은 제24章이다. 天道를 말씀하였다.

25. 誠者는 自成也요 而道는 自道也니라

誠은 스스로 이루어지는 것이요, 道는 스스로 행하여야 할 것이다.

兆:조짐 조　萌:싹 맹　筮:시초점 서　卜:점 복　俯:구부릴 부　仰:우러를 앙　幾:기미 기

言 誠者는 物之所以自成이요 而道者는 人之所當自行也라 誠은 以心言이니 本也요 道는 以理言이니 用也라

誠은 물건이 스스로 이루어지는 것이요, 道는 사람이 마땅히 스스로 행하여야 함을 말씀한 것이다. 誠은 心으로써 말하였으니 근본이요, 道는 理로써 말하였으니 用이다.

誠者는 物之終始니 不誠이면 無物이라 是故로 君子는 誠之爲貴니라

誠은 物(사물)의 終과 始이니, 성실하지 않으면 사물이 없게 된다. 그러므로 君子는 성실히 함을 귀하게 여기는 것이다.

天下之物이 皆實理之所爲라 故로 必得是理然後에 有是物이니 所得之理旣盡이면 則是物亦盡而無有矣라 故로 人之心이 一有不實이면 則雖有所爲나 亦如無有하니 而君子必以誠爲貴也라 蓋人之心이 能無不實이라야 乃爲有以自成이요 而道之在我者 亦無不行矣리라

천하의 사물은 모두 진실한 理가 하는 것이다. 그러므로 반드시 이 理를 얻은 뒤에야 이 사물이 있는 것이니, 얻은 바의 理가 이미 다하여 없어지면 이 사물 또한 다하여 없어진다. 그러므로 사람의 마음이 한 번이라도 성실하지 못함이 있으면 비록 하는 바가 있더라도 또한 없는 것과 같으니, 君子는 반드시 성실히 함을 귀하게 여기는 것이다. 사람의 마음이 성실하지 않음이 없어야 스스로 이룰 수가 있고, 나에게 있는 道 역시 행해지지 않음이 없을 것이다.

誠者는 非自成己而已也라 所以成物也니 成己는 仁也요 成物은 知(智)也니 性之德也라 合內外之道也니 故로 時措之宜也니라

誠은 스스로 자신을 이룰 뿐만 아니라 남을 이루어 주니, 자신을 이룸은 仁이요 남을 이루어 줌은 智이다. 이는 性의 德이니, 內外를 합한 道이다. 그러므로 때로 둠에 마땅한 것이다.

誠이 雖所以成己나 然이나 旣有以自成이면 則自然及物하여 而道亦行於彼矣라 仁者는

措:둘 조

體之存이요 知(智)者는 用之發이니 是皆吾性之固有而無內外之殊하니 旣得於己면 則
見於事者 以時措之而皆得其宜也라

　誠은 비록 자신을 이루는 것이나 이미 스스로 이룸이 있으면 자연히 남에게 미쳐 道
가 또한 저쪽에게 행해지는 것이다. 仁은 體가 보존됨이요 智는 用이 발하는 것이니,
이는 모두 나의 性에 固有한 것이어서 內外의 분별이 없다. 이것을 이미 자신에게서 얻
으면 일에 나타나는 것이 때에 따라 둠에 모두 그 마땅함을 얻게 될 것이다.

　右는 第二十五章이라 言人道也라

　　이상은 제25章이다. 人道를 말씀하였다.

26. 故로 至誠은 無息이니

　그러므로 至誠은 쉼이 없으니,

旣無虛假라 自無間斷이라

　이미 虛假(거짓)가 없으므로 자연 間斷함이 없는 것이다.

不息則久하고 久則徵하고

　쉬지 않으면 오래고 오래면 징험이 나타나고,

久는 常於中也요 徵은 驗於外也라

　久는 속에 항상함이요, 徵은 밖에 징험이 나타남이다.

徵則悠遠하고 悠遠則博厚하고 博厚則高明이니라

　징험이 나타나면 悠遠(여유 있고 오래 함)하고, 悠遠하면 博厚(넓고 두터움)
하고, 博厚하면 高明(高大하고 光明함)하다.

此는 皆以其驗於外者言之니 鄭氏所謂至誠之德著於四方者 是也라 存諸中者 旣久

息:그칠 식　徵:징험할 징　悠:오랠 유　博:넓을 박

면 則驗於外者 益悠遠而無窮矣라 悠遠故로 其積也 廣博而深厚하고 博厚故로 其發也 高大而光明이라

이는 모두 밖에 징험이 나타나는 것을 가지고 말씀한 것이니, 鄭氏(鄭玄)가 이른바 '至誠의 德이 四方에 드러난다.'는 것이 이것이다. 속에 보존한 것이 이미 오래되면 밖에 징험이 나타나는 것이 더욱 悠遠하여 다함이 없을 것이다. 悠遠하기 때문에 그 쌓임이 廣博하고 深厚하며, 博厚하기 때문에 그 發함이 高大하고 光明한 것이다.

博厚는 所以載物也요 高明은 所以覆(부)物也요 悠久는 所以成物也니라

博厚함은 물건을 실어 주는 것이요, 高明함은 물건을 덮어 주는 것이요, 悠久함은 물건을 이루어 주는 것이다.

悠久는 卽悠遠이니 兼內外而言之也라 本以悠遠致高厚하고 而高厚又悠久也니 此는 言聖人與天地同用이라

悠久는 바로 悠遠이니, 內와 外를 겸하여 말한 것이다. 본래는 悠遠으로써 高明과 博厚를 이루고, 高明하고 博厚하면 또 悠久하게 되니, 이는 聖人이 天地와 더불어 用이 같음을 말씀한 것이다.

博厚는 配地[1]하고 高明은 配天하고 悠久는 無疆이니라

博厚는 땅을 배합하고, 高明은 하늘을 배합하고, 悠久는 다함이 없다.

譯註 1. 配地 : 配는 合致의 뜻으로 땅의 德에 부합함을 이르는 바, 뒤의 配天도 이와 같다.

此는 言聖人與天地同體라

이는 聖人이 天地와 더불어 體가 같음을 말씀한 것이다.

如此者는 不見(현)而章하며 不動而變하며 無爲而成이니라

覆:덮어줄 부　配:짝할 배　疆:지경 강　章:드러날 장

이와 같은 자는 보여주지 않아도 드러나며, 動하지 않아도 변하며, 함이 없이
도 이루어진다.

見은 猶示也라 不見而章은 以配地而言也요 不動而變은 以配天而言也요 無爲而成은
以無疆而言也라

見은 示와 같다. 보여주지 않아도 드러남은 땅을 배합함으로써 말한 것이요, 動하지
않아도 변함은 하늘을 배합함으로써 말한 것이요, 함이 없어도 이루어짐은 다함이 없
음으로써 말한 것이다.

天地之道는 可一言而盡也니 其爲物이 不貳라 則其生物이 不測
이니라

天地의 道는 한마디 말로써 다할 수 있으니, 그 물건됨이 변치 않는다. 그리
하여 물건을 냄이 측량할 수 없는 것이다.

此以下는 復以天地로 明至誠無息之功用이라 天地之道可一言而盡은 不過曰誠而已
니 不貳는 所以誠也라 誠故로 不息而生物之多하여 有莫知其所以然者라

이 이하는 다시 天地로써 至誠無息의 功用을 밝힌 것이다. 天地의 道는 한마디 말로
써 다할 수 있음은 誠에 불과할 뿐이니, 변치 않음은 誠한 것이다. 誠하기 때문에 쉬지
아니하여 물건을 냄이 많아서 그 所以然을 알지 못하는 것이다.

天地之道는 博也厚也高也明也悠也久也니라

天地의 道는 廣博함과 深厚함과 高大함과 光明함과 悠遠함과 오램이다.

言 天地之道 誠一不貳라 故로 能各極其盛하여 而有下文生物之功이라

天地의 道가 성실하고 한결같아 변치 않기 때문에 각각 그 盛함을 지극히 하여 아랫
글의 물건을 내는 功이 있음을 말씀한 것이다.

今夫天이 斯昭昭之多로되 及其無窮也하여는 日月星辰(신)이 繫焉

하며 **萬物**이 **覆焉**이니라 **今夫地 一撮土之多**로되 **及其廣厚**하여는 **載
華嶽而不重**하며 **振河海而不洩**하며 **萬物**이 **載焉**이니라 **今夫山**이 **一
卷石之多**로되 **及其廣大**하여는 **草木**이 **生之**하며 **禽獸 居之**하며 **寶藏**
이 **興焉**이니라 **今夫水 一勺之多**로되 **及其不測**하여는 **黿鼉蛟龍魚鼈**
이 **生焉**하며 **貨財 殖焉**이니라

이제 하늘은 昭昭함이 많이 모인 것인데 그 無窮함에 미쳐서는 日月星辰이 매
여있고 萬物이 덮여 있다. 이제 땅은 한 줌의 흙이 많이 모인 것인데 그 廣厚함
에 미쳐서는 華嶽(華山)을 싣고 있으면서도 무겁게 여기지 않고 河海를 거두어
있으면서도 새지 않으며 만물이 실려 있다. 이제 山은 한 자잘한 돌이 많이 모
인 것인데 그 廣大함에 미쳐서는 草木이 생장하고 禽獸가 살며 寶藏(寶物)이
나온다. 이제 물은 한 잔의 물이 많이 모인 것인데 그 측량할 수 없음에 미쳐서
는 黿鼉와 蛟龍과 魚鼈이 자라며 貨財가 번식한다.

昭昭는 **猶耿耿**이니 **小明也**니 **此**는 **指其一處而言之**라 **及其無窮**은 **猶十二章及其至也
之意**니 **蓋擧全體而言也**라 **振**은 **收也**요 **卷**은 **區也**라 **此四條**는 **皆以發明由其不貳不
息**하여 **以致盛大而能生物之意**라 **然**이나 **天地山川**이 **實非由積累而後大**니 **讀者不以
辭害意**가 **可也**니라

昭昭는 耿耿이란 말과 같은 바 조금 밝은 것이니, 이는 그 한 곳을 가리켜 말한 것이
다. 及其無窮은 12章의 及其至也의 뜻과 같으니, 이는 그 全體를 들어 말한 것이다. 振
은 거둠이요 卷은 區(區區함)이다. 이 네 조항은 모두 변치 않고 쉬지 않음으로 말미암
아 盛大함을 이루어서 능히 물건을 내는 뜻을 發明하였다. 그러나 天地와 山川이 실제
로 많이 누적됨으로 말미암은 뒤에 커진 것은 아니니, 읽는 자들이 말로써 本意를 해치
지 않아야 할 것이다.

詩云 維天之命이 **於**(오)**穆不已**라하니 **蓋曰天之所以爲天也**요 **於**

繫:맬 계 **撮**:쥘 촬 **振**:거둘 진 **洩**:샐 설 **卷**:주먹 권(拳通) **勺**:술잔 작 **黿**:큰자라 원 **鼉**:
악어 타 **蛟**:교룡 교 **鼈**:자라 별 **殖**:번식할 식 **耿**:불반짝일 경 **區**:작을 구 **於**:감탄사 오

乎不顯가 文王之德之純이여하니 蓋曰文王之所以爲文也 純亦不已니라

≪詩經≫에 이르기를 "하늘의 命이 아, 深遠하여 그치지 않는다." 하였으니, 이는 하늘이 하늘이 된 所以를 말한 것이요, "아, 드러나지 않겠는가. 文王의 德의 순수함이여." 하였으니, 이는 文王이 文이 되신 所以가 순수함이 또한 그치지 않음임을 말한 것이다.

詩는 周頌維天之命篇이라 於는 歎辭라 穆은 深遠也라 不顯은 猶言豈不顯也라 純은 純一不雜也니 引此以明至誠無息之意라 程子曰 天道不已어늘 文王이 純於天道亦不已하시니 純則無二無雜이요 不已則無間斷先後니라

詩는 〈周頌 維天之命篇〉이다. 於는 感歎辭이다. 穆은 深遠함이다. 不顯은 豈不顯(어찌 드러나지 않겠는가)이란 말과 같다. 純은 純一하고 잡되지 않은 것이니, 이것을 인용하여 至誠無息의 뜻을 밝힌 것이다.

程子(?)가 말씀하였다. "天道가 그치지 않는데 文王이 天道에 순수하여 또한 그치지 않으셨으니, 순수하면 둘로 하지(변치) 않고 잡되지 않으며, 그치지 않으면 間斷과 先後가 없게 된다."

右는 第二十六章이라 言天道也라

이상은 제26장이다. 天道를 말씀하였다.

27. 大哉라 聖人之道여

위대하다, 聖人의 道여.

包下文兩節而言이라

아랫글의 두 節을 포함하여 말씀한 것이다.

洋洋乎發育萬物하여 峻極于天이로다

穆:심원할 목 已:그칠 이 峻:높을 준

洋洋하게 萬物을 發育하여 높음이 하늘에 다하였다.

峻은 高大也라 此는 言道之極於至大而無外也라

峻은 高大함이다. 이는 道가 지극히 큼을 다하여 밖이 없음을 말씀한 것이다.

優優大哉라 禮儀三百이요 威儀三千이로다

優優히 크다. 禮儀가 3백 가지요, 威儀가 3천 가지이다.

優優는 充足有餘之意라 禮儀는 經禮也요 威儀는 曲禮也라 此는 言道之入於至小而 無間也라

優優는 充足하여 남음이 있는 뜻이다. 禮儀는 經禮(큰 禮)요, 威儀는 曲禮(자잘한 禮)이다. 이는 道가 지극히 작음에 들어가 틈이 없음을 말씀한 것이다.

待其人而後에 行이니라

그 사람(훌륭한 사람)을 기다린 뒤에 행해진다.

總結上兩節이라

위의 두 節을 모두 맺은 것이다.

故로 曰 苟不至德이면 至道不凝焉이라하니라

그러므로 '만일 지극한 德이 아니면 지극한 道가 모이지 않는다.'고 말한 것이다.

至德은 謂其人이요 至道는 指上兩節而言이라 凝은 聚也며 成也라

至德은 그 사람을 이르고, 至道는 위의 두 節을 가리켜 말한 것이다. 凝은 모임이며 이룸이다.

故로 君子는 尊德性而道問學이니 致廣大而盡精微하며 極高明而

苟:만일 구　凝:모일 응　道:말미암을 도

道中庸하며 溫故而知新하며 敦厚以崇禮니라

　그러므로 君子는 德性을 높이고(공경하고) 問學(學問)을 말미암으니, 廣大함을 지극히 하고 精微함을 다하며, 高明을 다하고 中庸을 따르며, 옛 것을 잊지 않고 새로운 것을 알며, 厚함을 도타이(돈독히) 하고 禮를 높이는 것이다.

尊者는 恭敬奉持之意요 德性者는 吾所受於天之正理라 道는 由也라 溫은 猶燖溫之溫이니 謂故學之矣요 復時習之也라 敦은 加厚也라 尊德性은 所以存心而極乎道體之大也요 道問學은 所以致知而盡乎道體之細也니 二者는 修德凝道之大端也라 不以一毫私意自蔽하고 不以一毫私欲自累하며 涵泳乎其所已知하고 敦篤乎其所已能은 此皆存心之屬也요 析理則不使有毫釐之差하고 處事則不使有過不及之謬하며 理義則日知其所未知하고 節文則日謹其所未謹은 此皆致知之屬也라 蓋非存心이면 無以致知요 而存心者는 又不可以不致知라 故로 此五句는 大小相資하고 首尾相應하여 聖賢所示入德之方이 莫詳於此하니 學者宜盡心焉이니라

　尊은 恭敬하고 받들어 잡는 뜻이요, 德性은 내가 하늘에게서 받은 바의 正理이다. 道는 말미암음이다. 溫은 燖溫(따뜻하게 데움)의 溫과 같으니, 예전에 이것을 배우고 다시 때때로 익힘을 이른다. 敦은 더욱 도타이 함이다. 尊德性은 마음을 보존하여 道體의 큼을 다하는 것이요, 道問學은 지식을 지극히 하여 道體의 세세함을 다하는 것이니, 이 두 가지는 德을 닦고 道를 모으는 큰 단서이다. 一毫의 私意(私心)로써 스스로 가리우지 아니하고〔致廣大〕一毫의 私慾으로써 스스로 얽매이지 아니하며〔極高明〕, 이미 아는 바를 涵泳하고〔溫故〕이미 능한 바를 돈독히 함〔敦厚〕은 이는 모두 存心의 등속이요, 이치를 분석함에는 털끝만한 차이가 있지 않게 하고〔盡精微〕일을 처리함에는 過·不及의 잘못이 있지 않게 하며〔道中庸〕, 義理는 날마다 알지 못하던 것을 알고〔知新〕節文(禮)은 날마다 삼가지 못하던 것을 삼감〔崇禮〕은 이는 모두 致知의 등속이다. 存心이 아니면 致知할 수가 없고, 存心한 자는 또 致知를 하지 않으면 안 된다. 그러므로 이 다섯 句는 큰 것과 작은 것이 서로 자뢰하고 머리와 끝이 서로 응하여 聖賢이 德에 들어가는 방법을 보여 준 것이 이보다 더 자세함이 없으니, 배우는 자가 마땅히 마음을 다하여야 할 것이다.

燖:데울 심　累:얽맬 루　涵:담글 함　泳:헤엄칠 영　釐:털끝 리

是故로 **居上不驕**하며 **爲下不倍**(背)라 **國有道**에 **其言**이 **足以興**이요 **國無道**에 **其默**이 **足以容**이니 **詩曰 旣明且哲**하여 **以保其身**이라하니 **其此之謂與**인저

그러므로 윗자리에 거해서는 교만하지 않고, 아랫사람이 되어서는 배반하지 않는다. 나라에 道가 있을 때에는 그 말이 족히 興起시킬 수 있고, 나라에 道가 없을 때에는 그 침묵이 족히 몸을 용납할 수 있다. 《詩經》에 이르기를 "이미 밝고 또 밝아 그 몸을 보전한다." 하였으니, 이것을 말함일 것이다.

興은 **謂興起在位也**라 **詩**는 **大雅烝民之篇**이라

興은 興起하여 지위에 있음을 이른다. 詩는 〈大雅 烝民篇〉이다.

右는 **第二十七章**이라 **言人道也**라

이상은 제27章이다. 人道를 말씀하였다.

28. **子曰 愚而好自用**하며 **賤而好自專**이요 **生乎今之世**하여 **反古之道**면 **如此者**는 **烖**(災)**及其身者也**니라

孔子께서 말씀하셨다. "어리석으면서 자기 의견을 쓰기 좋아하며, 賤하면서 자기 마음대로 하기를 좋아하고, 지금 세상에 태어나서 옛 道를 회복하려고 하면 이와 같은 자는 재앙이 그 몸에 미친다."

以上은 **孔子之言**이니 **子思引之**라 **反**은 **復**(복)**也**라

이상은 孔子의 말씀이니, 子思가 인용하신 것이다. 反은 회복함이다.

非天子면 **不議禮**하며 **不制度**하며 **不考文**이니라

天子가 아니면 禮를 의논하지 않으며 度(制度)를 만들지 않으며 文을 상고하

倍:등질 배(背同)　烝:무리 증　反:돌아올 반　烖:재앙 재(災古字)

지 않는다.

此以下는 子思之言이라 禮는 親疎貴賤相接之體也라 度는 品制요 文은 書名이라

이 이하는 子思의 말씀이다. 禮는 親疎와 貴賤이 서로 대하는 體이다. 度는 品制(제한이나 규정)이고, 文은 글자의 명칭이다.

今天下 車同軌하며 書同文하며 行同倫이니라

지금 天下가 수레는 수레바퀴의 치수가 같으며, 글은 文字가 같으며, 행동은 차례가 같다.

今은 子思自謂當時也라 軌는 轍迹之度요 倫은 次序之體라 三者皆同은 言天下一統也라

今은 子思가 스스로 當時를 말씀한 것이다. 軌는 수레바퀴 자국의 度數(치수)요, 倫은 次序의 體이다. 세 가지가 모두 같음은 천하가 하나로 통일되었음을 말한 것이다.

雖有其位나 苟無其德이면 不敢作禮樂焉이며 雖有其德이나 苟無其位면 亦不敢作禮樂焉이니라

비록 그(天子) 지위를 갖고 있으나 만일 그(聖人) 德이 없으면 감히 禮樂을 짓지 못하며, 비록 그 德이 있으나 만일 그 지위가 없으면 또한 감히 禮樂을 짓지 못한다.

鄭氏曰 言 作禮樂者는 必聖人在天子之位라

鄭氏(鄭玄)가 말하였다. "禮樂을 짓는 자는 반드시 聖人이 天子의 지위에 있어야 함을 말씀한 것이다."

子曰 吾說夏禮나 杞不足徵也[1]요 吾學殷禮호니 有宋이 存焉이어니와 吾學周禮호니 今用之라 吾從周호리라

軌:수레바퀴 궤　倫:차례 륜　迹:자취 적　杞:나라이름 기

孔子께서 말씀하셨다. "내가 夏나라 禮를 말하나 〈그 후손인〉 杞나라가 충분히 증명해 주지 못하며, 내가 殷나라 禮를 배웠는데 〈그 후손인〉 宋나라가 있거니와 내가 周나라 禮를 배웠는데 지금 이것을 쓰고 있으니, 나는 周나라 禮를 따르겠다."

譯註 1. 吾說夏禮 杞不足徵也 : 이 내용은 ≪論語≫〈八佾〉9章에 자세히 보이는 바, "夏나라 禮를 내가 말할 수 있으나 杞나라가 증명해 주지 못하고 殷나라 禮를 내가 말할 수 있으나 宋나라가 증명해 주지 못하니, 이는 文獻이 부족하기 때문이다.〔夏禮吾能言之 杞不足徵也 殷禮吾能言之 宋不足徵也 文獻不足故也〕"라고 하였다.

此는 又引孔子之言이라 杞는 夏之後라 徵은 證也라 宋은 殷之後라 三代之禮를 孔子皆嘗學之而能言其意로되 但夏禮는 旣不可考證이요 殷禮는 雖存이나 又非當世之法이요 惟周禮는 乃時王之制라 今日所用이니 孔子旣不得位면 則從周而已시니라

이는 또다시 孔子의 말씀을 인용한 것이다. 杞는 夏나라의 후손 나라이다. 徵은 증명함이다. 宋은 殷나라의 후손 나라이다. 三代의 禮를 孔子가 모두 일찍이 배우시어 그 뜻을 말씀할 수 있었으나 다만 夏나라 禮는 이미 考證할 수 없고, 殷나라 禮는 비록 남아 있으나 또 當世의 法이 아니고, 오직 周나라 禮는 바로 時王(당시의 왕)의 제도여서 오늘날 쓰고 있는 것이니, 孔子가 이미 지위를 얻지 못하셨으면 周나라 禮를 따르실 뿐이다.

右는 第二十八章이라 承上章爲下不倍而言이니 亦人道也라

이상은 제28章이다. 윗장의 '아랫사람이 되어서는 배반하지 않는다.'는 것을 이어서 말씀한 것이니, 이 또한 人道이다.

29. 王天下 有三重焉하니 其寡過矣乎인저

天下에 왕 노릇 함(통치함)에 세 가지 重함이 있으니, 〈이것을 잘 행하면 사람들이〉 허물이 적을 것이다.

呂氏曰 三重은 謂議禮, 制度, 考文이니 惟天子得以行之면 則國不異政하고 家不殊俗하여 而人得寡過矣리라

呂氏(呂大臨)가 말하였다. "三重은 議禮・制度・考文을 이른다. 오직 天子만이 이것

을 행할 수 있으니, 이렇게 하면 나라에는 정사가 다르지 않고 집에는 풍속이 다르지 않아서 사람들이 허물이 적게 될 것이다.”

上焉者는 雖善이나 無徵이니 無徵이라 不信이요 不信이라 民弗從이니라 下焉者는 雖善이나 不尊이니 不尊이라 不信이요 不信이라 民弗從이니라

위(夏·商 時代)의 것은 비록 좋으나 증거할 만한 것이 없으니, 증명할 것이 없기 때문에 믿지 않고 믿지 않기 때문에 백성들이 따르지 않는다. 〈聖人으로서〉 아래에 있는 자는 비록 잘 하나 높지 못하니, 높지 못하기 때문에 믿지 않고 믿지 않기 때문에 백성들이 따르지 않는다.

上焉者는 謂時王以前이니 如夏商之禮雖善이나 而皆不可考요 下焉者는 謂聖人在下니 如孔子雖善於禮나 而不在尊位也라

上焉者는 時王 이전을 이르니, 예컨대 夏나라와 商(殷)나라의 禮가 비록 좋으나 모두 상고할 수 없고, 下焉者는 聖人이 아래 자리에 있음을 이르니, 예컨대 孔子가 비록 禮를 잘 아셨으나 높은 지위에 있지 못함과 같은 것이다.

故로 君子之道는 本諸身하여 徵諸庶民하며 考諸三王而不謬하며 建諸天地而不悖하며 質諸鬼神而無疑하며 百世以俟聖人而不惑이니라

이 때문에 君子의 道는 자기 몸에 근본하여 여러 백성들에게 징험하며, 三王에게 상고해도 틀리지 않으며, 天地에 세워도 어그러지지 않으며, 鬼神에게 質正하여도 의심이 없으며, 百世에 聖人을 기다려도 疑惑되지 않는 것이다.

此君子는 指王天下者而言이라 其道는 卽議禮制度考文之事也라 本諸身은 有其德也요 徵諸庶民은 驗其所信從也라 建은 立也니 立於此而參於彼也라 天地者는 道也요 鬼神者는 造化之迹也라 百世以俟聖人而不惑은 所謂聖人復起 不易吾言者也라

謬:그릇될 류 悖:어그러질 패 質:질정할 질 俟:기다릴 사

이 君子는 天下에 왕 노릇 하는 자를 가리켜 말한 것이다. 그 道는 바로 議禮·制度·考文의 일이다. 자기 몸에 근본함은 그 德을 소유함이요, 여러 백성들에게 징험함은 그 믿고 따름을 징험하는 것이다. 建은 세움이니, 여기에 세워서 저기에 참여하는 것이다. 天地는 道요, 鬼神은 造化의 자취이다. 百世에 聖人을 기다려도 의혹되지 않는다는 것은 〈孟子의〉 이른바 '聖人이 다시 나오셔도 내 말을 바꾸지 않을 것이다.'라는 것이다.

質諸鬼神而無疑는 知天也요 百世以俟聖人而不惑은 知人也니라

鬼神에게 질정하여도 의심이 없음은 하늘을 아는 것이요, 百世에 聖人을 기다려도 의혹되지 않음은 사람을 아는 것이다.

知天, 知人은 知其理也라

하늘을 알고 사람을 아는 것은 그 이치를 아는 것이다.

是故로 君子는 動而世爲天下道니 行而世爲天下法하며 言而世爲天下則(칙)이라 遠之則有望하고 近之則不厭이니라

그러므로 君子는 動함에 대대로 天下의 道가 되는 것이니, 行함에 대대로 천하의 法度가 되며 말함에 대대로 천하의 準則이 된다. 멀리 있으면 우러러봄이 있고, 가까이 있으면 싫지 않다.

動은 兼言行而言이요 道는 兼法則而言이라 法은 法度也요 則은 準則也라

動은 言·行을 겸하여 말하였고, 道는 法·則을 겸하여 말하였다. 法은 法度요, 則은 準則(標準)이다.

詩曰 在彼無惡(오)하며 在此無射(역)이라 庶幾夙夜하여 以永終譽라 하니 君子未有不如此而蚤(조)有譽於天下者也니라

準:법도 준　射:싫을 역　庶:거의 서　幾:거의 기　夙:일찍 숙

《詩經》에 이르기를 "저기에 있어도 미워하는 사람이 없고 여기에 있어도 싫어하는 사람이 없다. 거의 일찍 일어나고 밤늦게 자서 名譽를 길이 마친다." 하였으니, 君子가 이렇게 하지 않고서 일찍 천하에 명예를 둔 자는 있지 않다.

詩는 周頌振鷺之篇이라 射은 厭也라 所謂此者는 指本諸身以下六事而言이라

詩는 〈周頌 振鷺篇〉이다. 射은 싫어함이다. 이른바 이것이란 本諸身 이하의 여섯 가지 일을 가리켜 말한 것이다.

右는 第二十九章이라 承上章居上不驕而言이니 亦人道也라

이상은 제29章이다. 윗장의 '윗자리에 거해서는 교만하지 않는다.'는 것을 이어 말씀한 것이니, 이 또한 人道이다.

30. 仲尼는 祖述堯舜하시고 憲章文武하시며 上律天時하시고 下襲水土하시니라

仲尼는 堯·舜을 祖述(祖宗으로 삼아 傳述함)하시고 文王·武王을 憲章(법받음)하시며, 위로는 天時를 따르시고 아래로는 水土(風土)를 인하셨다.

祖述者는 遠宗其道요 憲章者는 近守其法이며 律天時者는 法其自然之運이요 襲水土者는 因其一定之理니 皆兼內外, 該本末而言也라

祖述은 멀리 그 道를 높임이요 憲章은 가까이 그 法을 지킴이며, 天時를 따른다는 것은 自然의 運行을 법받음이요 水土를 인한다는 것은 一定한 이치를 인함이니, 이는 모두 內外를 겸하고 本末을 포함하여 말씀한 것이다.

辟(譬)如天地之無不持載하며 無不覆幬(부도)하며 辟如四時之錯行하며 如日月之代明이니라

비유하면 하늘과 땅이 실어주지 않음이 없고 덮어주지 않음이 없는 것과 같으며, 비유하면 四時가 교대하여 운행함과 같으며 日月이 교대하여 밝음과 같다.

鷺:해오라기 로 律:따를 률 襲:따를 습 幬:덮어줄 도 錯:교대할 착 迭:교대할 질

錯은 猶迭也라 此는 言聖人之德이라

錯은 迭(교대함)과 같다. 이는 聖人의 德을 말씀한 것이다.

萬物이 竝育而不相害하며 道竝行而不相悖라 小德은 川流요 大德은 敦化하나니 此天地之所以爲大也니라

萬物이 함께 길러져 서로 해치지 않으며, 道가 함께 행해져 서로 위배되지 않는다. 작은 德은 냇물의 흐름이요 큰 德은 造化를 도타이 하니, 이는 天地가 위대함이 되는 것이다.

悖는 猶背也라 天覆地載에 萬物이 竝育於其間而不相害하고 四時日月이 錯行代明而不相悖하니 所以不害不悖者는 小德之川流요 所以竝育竝行者는 大德之敦化니 小德者는 全體之分이요 大德者는 萬殊之本[1]이라 川流者는 如川之流하여 脈絡分明而往不息也요 敦化者는 敦厚其化하여 根本盛大而出無窮也라 此는 言天地之道하여 以見(현)上文取譬之意也라

悖는 背와 같다. 하늘이 덮어주고 땅이 실어줌에 만물이 그 사이에서 함께 길러져 서로 해치지 않으며, 四時와 日月이 교대로 운행하고 교대로 밝아서 서로 위배되지 않으니, 해치지 않고 위배되지 않음은 小德의 川流이고 함께 길러지고 함께 행해짐은 大德의 敦化이니, 小德은 全體가 나누어진 것이요 大德은 萬殊의 근본이다. 川流는 냇물의 흐름과 같아 脈絡이 분명하고 감이 쉬지 않는 것이요, 敦化는 그 造化를 敦厚히 하여 근본이 성대해서 나옴이 무궁한 것이다. 이는 天地의 道를 말씀하여 윗글에서 비유를 취한 뜻을 나타내신 것이다.

譯註 1. 小德者……萬殊之本 : 大德은 全體의 큰 德으로 萬殊一本이고 小德은 分派된 작은 德으로 一本萬殊를 가리킨다. 萬殊一本은 여러 가지 다른 것이 결국 한 뿌리에서 나온 것이고, 一本萬殊는 한 뿌리에서 여러 가지 다른 것이 나온 것이다.

右는 第三十章이라 言天道也라

이상은 제30章이다. 天道를 말씀하였다.

31. 唯天下至聖이야 爲能聰明睿知(智) 足以有臨也니 寬裕溫柔
足以有容也며 發强剛毅 足以有執也며 齊(재)莊中正이 足以有敬
也며 文理密察이 足以有別也니라

오직 천하의 지극한 聖人이어야 聰明睿智가 족히 임할 수 있으니, 寬裕溫柔가
족히 용납함이 있으며, 發强剛毅가 족히 잡음이 있으며, 齊莊中正이 족히 공경
함이 있으며, 文理密察이 족히 분별함이 있는 것이다.

聰明睿知는 生知之質이라 臨은 謂居上而臨下也라 其下四者는 乃仁義禮智之德이라
文은 文章也요 理는 條理也요 密은 詳細也요 察은 明辨也라

聰明睿智는 生而知之의 자질이다. 臨은 위에 있으면서 아래에 임함을 이른다. 그 아
래 네 가지는 바로 仁·義·禮·智의 德이다. 文은 文章이요, 理는 條理요, 密은 상세
함이요, 察은 밝게 분변함이다.

溥博淵泉하여 而時出之니라

溥博하고 淵泉하여 때로 발현된다.

溥博은 周徧而廣濶也요 淵泉은 靜深而有本也라 出은 發見(현)也라 言 五者之德[1]이
充積於中하여 而以時發見於外也라

溥博은 두루하고 넓음이요, 淵泉은 고요하고 깊고 근본이 있는 것이다. 出은 發現함
이다. 다섯 가지의 德이 안에 充積되어 때로 밖에 발현됨을 말씀한 것이다.

譯註 1. 五者之德 : 다섯 가지의 德은 聰明睿智의 聖, 寬裕溫柔의 仁, 發强剛毅의 義, 齊莊
中正의 禮, 文理密察의 智를 가리킨 것이다.

溥博은 如天하고 淵泉은 如淵하니 見(현)而民莫不敬하며 言而民莫
不信하며 行而民莫不說(열)이니라

毅:굳셀 의   齊:재계할 재(齋通)   溥:넓을 부   淵:깊을 연   徧:두루 편(변)   濶:넓을 활

溥博은 하늘과 같고 淵泉은 못과 같으니, 나타남에 백성들이 공경하지 않는 이가 없고, 말함에 백성들이 믿지 않는 이가 없고, 행함에 백성들이 기뻐하지 않는 이가 없다.

言其充積極其盛而發見當其可也라

充積함이 그 盛함을 지극히 하고 발현됨이 그 옳음에 합당함을 말씀한 것이다.

是以로 聲名이 洋溢乎中國하여 施(이)及蠻貊하여 舟車所至와 人力所通과 天之所覆(부)와 地之所載와 日月所照와 霜露所隊(墜)에 凡有血氣者 莫不尊親하나니 故로 曰配天이니라

이 때문에 名聲이 中國에 넘쳐 蠻貊에 뻗쳐서 배와 수레가 이르는 바와 人力이 통하는 바와 하늘이 덮어주는 바와 땅이 실어주는 바와 日月이 비추는 바와 서리와 이슬이 내리는 바에 모든 血氣를 가지고 있는 것들이 존경하고 親愛하지 않음이 없는 것이다. 그러므로 하늘을 배합한다고 말한 것이다.

舟車所至以下는 蓋極言之라 配天은 言其德之所及이 廣大如天也라

舟車所至 이하는 이것을 지극히 말씀한 것이다. 하늘을 배합한다는 것은 그 德의 미치는 바가 廣大하여 하늘과 같음을 말한 것이다.

右는 第三十一章이라 承上章而言小德之川流하니 亦天道也라

이상은 제31章이다. 윗장을 이어 小德의 川流를 말씀하였으니, 이 또한 天道이다.

32. 唯天下至誠이야 爲能經綸天下之大經하며 立天下之大本하며 知天地之化育이니 夫焉有所倚리오

오직 天下에 지극히 성실한 분이어야 天下의 大經을 經綸하며 天下의 大本을 세우며 天地의 化育을 알 수 있으니, 어찌 〈딴 물건에〉 의지할 것이 있겠는가.

洋:넘칠 양 溢:넘칠 일 施:뻗칠 이 蠻:오랑캐 만 貊:오랑캐 맥 覆:덮을 부 照:비출 조 隊:떨어질 추 經:다스릴 경 綸:다스릴 륜 比:나란히할 비

經綸은 皆治絲之事니 經者는 理其緒而分之요 綸者는 比其類而合之也라 經은 常也라 大經者는 五品之人倫이요 大本者는 所性之全體也라 惟聖人之德이 極誠無妄이라 故로 於人倫에 各盡其當然之實하여 而皆可以爲天下後世法하니 所謂經綸之也라 其於 所性之全體에 無一毫人欲之僞以雜之하여 而天下之道千變萬化가 皆由此出하니 所謂立之也라 其於天地之化育에 則亦其極誠無妄者 有默契焉이요 非但聞見之知而 已라 此皆至誠無妄自然之功用이니 夫豈有所倚著(착)於物而後能哉리오

經과 綸은 모두 실을 다스리는 일이니, 經은 그 실마리를 다스려 나누는 것이요 綸은 그 類를 나란히 하여 합하는 것이다. 經은 떳떳함이다. 大經은 五品(다섯 가지)의 人倫이요, 大本은 本性에 간직하고 있는 全體이다. 오직 聖人의 德은 지극히 성실하고 망령됨이 없다. 그러므로 人倫에 있어 각각 당연함의 실제를 다해서 모두 天下와 後世의 법이 될 만하니, 이른바 經綸한다는 것이다. 本性의 全體에 있어 한 털끝만한 人慾의 거짓도 섞임이 없어서 天下의 道에 온갖 變化가 모두 이로 말미암아 나오니, 이른바 세운다는 것이다. 天地의 化育에 있어 또한 그 至誠無妄함(지극히 성실하고 망령됨이 없음)이 묵묵히 합함이 있고 단지 듣고 보아 알 뿐만이 아니다. 이는 모두 至誠無妄한 자연의 功用이니, 어찌 딴 물건에 의지한 뒤에야 능한 것이겠는가.

肫肫其仁이며 淵淵其淵이며 浩浩其天이니라

肫肫한 그 仁이며, 淵淵한 그 못이며, 浩浩한 그 하늘이다.

肫肫은 懇至貌니 以經綸而言也요 淵淵은 靜深貌니 以立本而言也요 浩浩는 廣大貌니 以知化而言也라 其淵其天이면 則非特如之而已[1]니라

肫肫은 간곡하고 지극한 모양이니 經綸으로써 말한 것이요, 淵淵은 고요하고 깊은 모양이니 근본을 세움으로써 말한 것이요, 浩浩는 넓고 큰 모양이니 化育을 앎으로써 말한 것이다. 그 못이고 그 하늘이면 단지 그와 같을 뿐만이 아닌 것이다.

譯註 1. 非特如之而已 : 特은 但과 같은 바, 앞장의 "溥博은 하늘과 같고 淵泉은 못과 같다."고 한 말을 받아 그보다도 더함을 말한 것이다.

契:합할 계　肫:정성스러울 순　浩:클 호　特:다만 특

苟不固聰明聖知(智)達天德者면 其孰能知之리오

만일 진실로 聰明하고 聖智하여 하늘의 德을 통달한 자가 아니면 그 누가 이
것을 알겠는가.

固는 猶實也라 鄭氏曰 唯聖人이야 能知聖人也니라

固는 實과 같다. 鄭氏(鄭玄)가 말하였다. "오직 聖人만이 聖人을 알 수 있다."

右는 第三十二章이라 承上章而言大德之敦化하니 亦天道也라 前章엔 言至聖之德하
고 此章엔 言至誠之道라 然이나 至誠之道는 非至聖이면 不能知요 至聖之德은 非至
誠이면 不能爲니 則亦非二物矣라 此篇에 言聖人天道之極致가 至此而無以加矣니라

이상은 제32章이다. 윗장을 이어 大德의 敦化를 말씀하였으니, 또한 天道이다. 앞
장에서는 至聖의 德을 말씀하였고, 이 章에서는 至誠의 道를 말씀하였다. 그러나
至誠의 道는 至聖이 아니면 능히 알지 못하고, 至聖의 德은 至誠이 아니면 능히 하
지 못하니, 그렇다면 또한 두 가지 일이 아니다. 이 篇에서 聖人의 天道의 極致를
말씀한 것이 이에 이름에 더할 수가 없다.

33. 詩曰 衣錦尙絅이라하니 惡(오)其文之著也라 故로 君子之道는 闇然而日章하고 小人之道는 的然而日亡하나니 君子之道는 淡而 不厭하며 簡而文하며 溫而理니 知遠之近하며 知風之自하며 知微之 顯이면 可與入德矣리라

≪詩經≫에 이르기를 "비단옷을 입고 홑옷을 덧입는다." 하였으니, 그 문채가
너무 드러남을 싫어해서이다. 그러므로 君子의 道는 은은하나 날로 드러나고,
小人의 道는 선명하나 날로 없어지는 것이다. 君子의 道는 담박하나 싫지 않으
며 간략하나 문채가 나며 온화하나 조리가 있으니, 멂이 가까운 데로부터 시작
함을 알며 바람이 불어 일어남을 알며 은미함이 드러남을 안다면 더불어 德에

固:진실로 고 尙:더할 상 絅:홑옷 경 闇:어둘 암 章:밝을 장 的:선명할 적 淡:담박할 담

들어갈 수 있을 것이다.

前章엔 言 聖人之德이 極其盛矣요 此는 復自下學立心之始¹⁾言之하고 而下文에 又推之하여 以至其極也라 詩는 國風衛碩人. 鄭之丰에 皆作衣錦褧衣하니 褧은 絅同하니 禪衣也라 尚은 加也라 古之學者 爲己²⁾라 故로 其立心如此라 尚絅故로 闇然하고 衣錦故로 有日章之實이라 淡簡溫은 絅之襲於外也요 不厭而文且理焉은 錦之美在中也라 小人은 反是하니 則暴(폭)於外而無實以繼之라 是以로 的然而日亡也라 遠之近은 見(현)於彼者 由於此也요 風之自는 著乎外者 本乎內也요 微之顯은 有諸內者 形諸外也라 有爲己之心하고 而又知此三者면 則知所謹而可入德矣라 故로 下文에 引詩하여 言謹獨之事하시니라

앞장에서는 聖人의 德이 그 盛함을 다함을 말씀하였고, 여기서는 다시 下學(初學)이 마음을 세우는 시초로부터 말씀하였으며, 아랫글에 또 이것을 미루어 그 지극함을 다하였다. 詩는 國風의 〈衛風 碩人〉과 〈鄭風 丰〉에 모두 '衣錦褧衣'로 되어 있으니, 褧은 絅과 같은 바, 홑옷이다. 尚은 더함이다. 옛날의 學者들은 자신을 위한 學問을 하였다. 그러므로 그 마음을 세움이 이와 같았다. 겉에 홑옷을 덧입기 때문에 은은하고, 속에 비단옷을 입었기 때문에 날로 드러나는 실제가 있는 것이다. 담박하고 간략하고 온화함은 홑옷을 겉에 껴입은 것이요, 싫지 않고 문채나나 또 조리가 있음은 비단옷의 아름다움이 속에 있는 것이다. 小人은 이와 반대이니, 밖에 드러나나 실제로써 계속하지 못한다. 이 때문에 선명하나 날로 없어지는 것이다. 遠之近은 저기에 나타남이 여기에 말미암는 것이요, 風之自는 밖에 드러남이 안에 근본하는 것이요, 微之顯은 안에 간직한 것이 밖에 드러나는 것이다. 자신을 위하려는 마음이 있고 또 이 세 가지를 알면 삼갈 바를 알아 德에 들어갈 수 있을 것이다. 그러므로 아랫글에 ≪詩經≫을 인용하여 謹獨(愼獨)의 일을 말씀하셨다.

譯註 1. 下學立心之始 : 下學은 下學人事를 축약한 것으로, 아래로 사람의 道理를 배우는 初學者를 이르며 立心은 立志와 같은 뜻이다.
　　 2. 古之學者 爲己 : 爲己는 자신의 마음과 행실을 닦기 위한 學問을 하는 것으로, ≪論語≫ 〈憲問〉 25章에 "古之學者爲己 今之學者爲人"이라고 보인다.

丰:예쁠 봉　褧:홑옷 경　禪:홑옷 선　暴:드러날 폭　孔:심할 공　疚:병들 구

詩云 潛雖伏矣나 亦孔之昭라하니 故로 君子는 內省不疚하여 無惡
(오)於志하나니 君子之所不可及者는 其唯人之所不見乎인저

　≪詩經≫에 이르기를 "잠긴 것(물고기)이 비록 엎드려 있으나 또한 심히 밝
다." 하였다. 그러므로 君子는 안으로 살펴보아 瑕疵가 없어서 마음에 미움(부
끄러움)이 없는 것이니, 君子의 미칠 수 없는 점은 사람들이 보지 않는 바에 있
을 것이다.

詩는 小雅正月之篇이라 承上文하여 言莫見(현)乎隱, 莫顯乎微也라 疚는 病也라 無惡
於志는 猶言無愧於心이니 此는 君子謹獨之事也라

　詩는 〈小雅 正月篇〉이다. 윗글을 이어 隱(숨겨진 곳)보다 드러남이 없으며 微(작은
일)보다 나타남이 없음을 말씀하였다. 疚는 病(瑕疵)이다. 마음에 미움이 없다는 것은
마음에 부끄러움이 없다는 말과 같으니, 이는 君子가 愼獨하는 일이다.

詩云 相在爾室혼대 尙不愧于屋漏라하니 故로 君子는 不動而敬하며
不言而信이니라

　≪詩經≫에 이르기를 "네가 〈홀로〉 방안에 있음을 살펴보니, 오히려 방 귀퉁
이에도 부끄럽지 않다." 하였다. 그러므로 君子는 動하지 않아도 공경하며, 말
하지 않아도 믿는 것이다.

詩는 大雅抑之篇이라 相은 視也라 屋漏는 室西北隅也라 承上文하여 又言 君子之戒謹
恐懼가 無時不然하여 不待言動而後敬信하니 則其爲己之功이 益加密矣라 故로 下文
에 引詩하여 幷言其效하시니라

　詩는 〈大雅 抑篇〉이다. 相은 살펴봄이다. 屋漏는 방의 서북쪽 귀퉁이이다. 윗글을 이
어 또 君子의 경계하고 두려워함이 때마다 그렇지 않음이 없어서 말과 행동을 기다릴
필요없이 공경하고 믿음을 말씀하였으니, 자신을 위하는 공부가 더더욱 치밀하다. 그
러므로 아랫글에 ≪詩經≫을 인용하고 아울러 그 효험을 말씀한 것이다.

相:볼 상　漏:귀퉁이 루

詩曰 奏假(格)無言하여 時靡有爭이라하니 是故로 君子는 不賞而民勸하며 不怒而民威於鈇鉞이니라

《詩經》에 이르기를 〈神明의 앞에〉 나아가 感格할 때에 말이 없어 이에 다투는 이가 있지 않다." 하였다. 이 때문에 君子는 상주지 않아도 백성들이 권면하며, 노하지 않아도 백성들이 작도와 도끼보다 더 두려워하는 것이다.

詩는 商頌烈祖之篇이라 奏는 進也라 承上文而遂及其效하여 言 進而感格於神明之際에 極其誠敬하여 無有言說而人自化之也라 威는 畏也라 鈇는 莝斫刀也요 鉞은 斧也라

詩는 〈商頌 烈祖篇〉이다. 奏는 나아감이다. 윗글을 이어 마침내 그 효험을 언급하여, 나아가 神明을 感格(感動)할 즈음에 정성과 공경을 지극히 하여 말함이 없어도 사람들이 스스로 敎化됨을 말씀한 것이다. 威는 두려워함이다. 鈇는 여물을 써는 작도요, 鉞은 도끼이다.

詩曰 不顯惟德을 百辟其刑之라하니 是故로 君子는 篤恭而天下平이니라

《詩經》에 이르기를 "드러나지 않는 德을 百辟(여러 諸侯)들이 법받는다." 하였다. 이 때문에 君子는 공손함을 돈독히 함에 天下가 평해지는 것이다.

詩는 周頌烈文之篇이라 不顯은 說見(현)二十六章하니 此는 借引以爲幽深玄遠之意[1]라 承上文하여 言 天子有不顯之德하여 而諸侯法之면 則其德愈深而效愈遠矣라 篤은 厚也니 篤恭은 言不顯其敬也라 篤恭而天下平은 乃聖人至德淵微自然之應이니 中庸之極功也라

詩는 〈周頌 烈文篇〉이다. 不顯은 해설이 26장에 보이니, 여기서는 이것을 빌려 인용해서 幽深하고 깊고 玄遠한 뜻으로 삼은 것이다. 윗글을 이어서 天子가 드러나지 않는 德이 있어 諸侯들이 이것을 법받으면 그 德이 더욱 깊어 효험이 더욱 遠大함을 말씀하

奏:나아갈 주 假:이를 격 靡:없을 미 鈇:작도 부 鉞:도끼 월 莝:여물 좌 斫:작도 작
斧:도끼 부 辟:임금 벽 刑:본받을 형

였다. 篤은 두터움이니, 篤恭은 드러나지 않는 공경을 이른다. 공손함을 돈독히 함에
天下가 평해짐은 바로 聖人의 지극한 德이 깊고 은미하여 자연히 나타나는 效應이니,
中庸의 지극한 功效이다.

譯註 1. 不顯……借引以爲幽深玄遠之意 : ≪詩經≫에서는 不顯惟德을 '이보다 더 드러날
수 없는 德'으로 해석하였으나 여기서는 '겉으로 드러나지 않는 德'으로 바꿔 사용
하였음을 말한 것이다. 26章에서는 '不顯가'로 토를 달아 '드러나지 않겠는가.'로
해석하였는 바, 이 또한 '이보다 더 드러날 수 없다.'는 뜻이 된다.

詩云 予懷明德의 不大聲以色¹⁾이라하여늘 子曰 聲色之於以化民에
末也라하시니라 詩云 德輶如毛라하나 毛猶有倫하니 上天之載 無聲
無臭아 至矣니라

≪詩經≫에 이르기를 "나는 밝은 德이 음성과 얼굴빛을 대단찮게 여김을 생각
한다." 하였는데, 孔子께서 말씀하시기를 "음성과 얼굴빛은 백성을 교화시킴에
있어 지엽적인 것이다." 하셨다. ≪詩經≫에 이르기를 '德은 가볍기가 터럭과 같
다.' 하였는데, 터럭도 오히려 비교할 만한 것이 있으니, '上天의 일은 소리도
없고 냄새도 없다.'는 표현이어야 지극하다 할 것이다.

譯註 1. 予懷明德 不大聲以色 : 大는 重과 같고 以는 與[다못]와 같은 바, '밝은 德은 마음
을 중요시하고 외형인 음성과 얼굴빛을 중요시하지 않음을 생각한다.'는 뜻이다.

詩는 大雅皇矣之篇이니 引之하여 以明上文所謂不顯之德者 正以其不大聲與色也라
又引孔子之言하여 以爲 聲色은 乃化民之末務어늘 今但言不大之而已면 則猶有聲色
者存하니 是未足以形容不顯之妙라 不若烝民之詩所言德輶如毛하니 則庶乎可以形
容矣로되 而又自以爲謂之毛면 則猶有可比者하니 是亦未盡其妙라 不若文王之詩所
言上天之事無聲無臭하니 然後에 乃爲不顯之至耳라 蓋聲臭는 有氣無形하여 在物에
最爲微妙로되 而猶曰無之라 故로 惟此可以形容不顯篤恭之妙니 非此德之外에 又別
有是三等¹⁾然後爲至也니라

詩는 〈大雅 皇矣篇〉이니, 이것을 인용하여 윗글의 이른바 不顯之德은 바로 그 음성

懷:생각할 회 輶:가벼울 유 倫:등급 륜 載:일 재 臭:냄새 취 務:일 무

과 얼굴빛을 대단찮게 여김을 밝힌 것이다. 또 孔子의 말씀을 인용하여 이르기를 "음성
과 얼굴빛은 백성을 교화함에 있어 지엽적인 일이다. 그런데 이제 다만 대단찮게 여긴
다고 말했을 뿐이니, 그렇다면 이것도 오히려 음성과 얼굴빛이 남아 있는 것이어서 不
顯의 묘함을 형용하기에 충분하지 못하다. 〈烝民〉詩에 말한 '德은 가볍기가 터럭과 같
다.'고 한 것만 못하니, 이렇게 말하면 거의 형용했다고 이를 만하다." 하였다. 또 스스
로 이르기를 "터럭이라고 말하면 오히려 비교할 만한 것이 있으니, 이 또한 그 묘함을
다하지 못한 것이다. 〈文王〉詩에 말한 '上天의 일은 소리도 없고 냄새도 없다.'고 한
것만 못하니, 이렇게 표현한 뒤에야 不顯의 德을 지극히 형용한 것이 된다." 하였다.
소리와 냄새는 기운만 있고 형체가 없어서 물건에 있어 가장 미묘한 것인데도 오히려
없다고 말하였다. 그러므로 오직 이 말이 不顯, 篤恭의 묘함을 형용할 수 있는 것이니,
이 德 이외에 또 별도로 이 세 가지 등급이 있은 뒤에야 지극함이 되는 것은 아니다.

譯註 1. 又別有是三等 : 三等은 聲·色과 毛와 無聲無臭의 세 단계를 가리킨 것이다.

右는 第三十三章이라 子思因前章極致之言하사 反求其本하사 復自下學爲己謹獨之
事로 推而言之하여 以馴致乎篤恭而天下平之盛하시고 又贊其妙하여 至於無聲無臭
而後已焉하시니 蓋擧一篇之要而約言之라 其反復丁寧示人之意가 至深切矣시니 學
者其可不盡心乎아

이상은 제33章이다. 子思께서 앞장에 있는 극치의 말씀으로 인하여 그 근본을 돌
이켜 찾으시어, 다시 下學(初學)이 자신을 위한 학문을 하고 홀로를 삼가는 일로부
터 미루어 말씀하여 공손함을 돈독히 함에 천하가 평해지는 盛함을 馴致하고, 또
그 묘함을 칭찬하여 소리도 없고 냄새도 없음에 이른 뒤에야 그만두셨으니, 이는
한 篇의 요점을 들어 요약하여 말씀하신 것이다. 反復하고 丁寧하여 사람들에게 보
여주신 뜻이 지극히 깊고 간절하니, 배우는 자가 마음을 다하지 않을 수 있겠는가.

馴:길들일 순　贊:칭찬할 찬

朱子年譜

南宋 高宗 建炎 4年 庚戌(서기 1130년) 9月, 南劍州의 尤溪縣에서 出生함.
父는 韋齋 朱松이고 母는 祝氏임. 名은 熹이고 字는 元晦이며, 號는 牧齋, 晦菴, 雲谷老人, 拙齋, 晦翁, 晦菴通叟, 滄州病叟, 遯翁, 空同居士 등이 있음.

1130년	南劍州의 尤溪縣에서 出生함.
1134년(5세)	小學에 들어감. ≪孝經≫의 大義를 통달함.
1139년(10세)	四書를 공부함.
1143년(14세)	3월, 父親 韋齋公의 喪을 당함. 籍溪 胡憲, 白水 劉勉之, 屏山 劉子翬에게 사사함.
1148년(19세)	殿試에 及第함. 劉勉之의 장녀에게 장가듬.
1151년(22세)	銓試에 及第, 左迪功郎을 제수 받고 泉州 同安縣 主簿로 임명됨.
1153년(24세)	泉州 同安의 主簿로 부임 도중 延平 李侗을 만나 그 후로 사사함.
1158년(29세)	潭州의 南嶽廟(祠祿官)에 差任됨.
1162년(33세)	孝宗이 卽位하여 求言하자 壬午應詔封事를 올림. 武學博士에 제수됨.
1163년(34세)	≪論語要義≫와 ≪論語訓蒙口義≫를 완성함. 10월, 延平 李先生 卒. 〈癸未垂拱奏箚〉를 올림.
1164년(35세)	延平 李先生의 喪에 哭함. ≪雜學辨≫, ≪困學恐聞編≫을 완성함.
1168년(39세)	≪程氏遺書≫를 編次함.
1169년(40세)	母夫人 祝氏의 喪을 당함.
1170년(41세)	建陽에 寒泉精舍를 세움. ≪西銘解≫완성, 이후에도 개정작업을 계속함.
1171년(42세)	社倉을 創建함.
1172년(43세)	≪論孟精義≫와 ≪八朝名臣言行錄≫, ≪資治通鑑綱目≫을 완성함.
1173년(44세)	≪太極圖說解≫를 완성하고 ≪程氏外書≫를 編次함.
1175년(46세)	≪近思錄≫을 완성함. ≪家禮≫를 쓰기 시작함.
1176년(47세)	秘書省 秘書郎에 제수됨. 武夷山의 冲祐觀에 差任됨. 11월, 夫人 劉

氏의 喪을 당함.

1177년(48세) ≪論語集註≫, ≪孟子集註≫를 완성, 이후에도 개정작업을 계속함. ≪論語或問≫, ≪孟子或問≫ 완성. ≪詩集傳≫을 완성함.

1179년(50세) 南康으로 부임하여 學宮에 周濂溪의 祠堂을 세우고, 明道·伊川의 兩程子를 配享함. 白鹿洞書院을 重建함.

1181년(52세) 浙東提擧에 임명됨. 直秘閣의 職名을 받음. 〈辛丑延和奏箚〉를 올림. 12월, 주자의 社倉法이 전국에 시행됨.

1183년(54세) 武夷精舍를 建立함.

1186년(57세) ≪易學啓蒙≫과 ≪孝經刊誤≫를 완성함.

1187년(58세) ≪通書解≫를 간행함. ≪小學≫을 編次함.

1189년(59세) 연화전에서 의견을 개진함(戊申延和奏箚). 直寶文閣에 제수됨. 戊申封事를 올림.

1189년(60세) 秘閣修撰에 제수됨. 〈大學章句序〉와 〈中庸章句序〉를 씀.

1190년(61세) 漳州知事로 부임함. 이 무렵 ≪周易本義≫를 완성함.

1191년(62세) 정월, 長子 塾의 喪을 당함. 秘閣修撰에 다시 제수됨.

1192년(63세) 建陽의 考亭에 居室을 지음. ≪孟子要略≫을 완성함.

1194년(65세) 嶽麓書院을 중건하고 강학함. 〈孝宗山陵議狀〉을 올렸으나 답을 받지 못함. 寧宗에게 ≪大學≫을 進講함.

1196년(67세) 禮書를 修撰하여 ≪儀禮經傳通解≫라 이름함. 沈繼祖의 탄핵으로 직명을 박탈당하고 사록관을 파면당함.

1197년(68세) ≪周易參同契考異≫와 ≪韓文考異≫를 완성함.

1198년(69세) ≪書集傳≫ 數篇을 짓고 門生인 蔡沈에게 속작을 명함.

1199년(70세) 致仕할 것을 청하여 守朝奉大夫로 致仕함. ≪楚辭集註≫를 완성함. 韋齋公의 行狀을 지음.

1200년(71세) 정월에 〈聚星亭贊〉을 지음. 2월에 ≪大學≫의 經一章과 誠意章을 마지막으로 고치고, 3월 7일에 正寢에서 逝去함. 11월 壬申에 建陽縣 唐石里의 大林谷에 安葬함.

1209년(嘉定2) 文公이란 諡號를 받았으며, 그 후 太師로 追贈되고 信國公으로 追封되었다가 徽國公으로 改封되었으며 孔子 廟庭에 從祀됨.

개정증보판

懸吐完譯 大學·中庸集註   정가 12,000원

1991년 5월 15일 초판 발행
2005년 1월 25일 증보판 13쇄
2023년 1월 31일 개정증보판 26쇄

역 주   成百曉

편집겸
발행인   朴洪植

발행처   社團法人 傳統文化研究會

서울 종로구 삼봉로 81 두산위브파빌리온 1332호
전화 : (02)762-8401   전송 : (02)747-0083
전자우편 : juntong@juntong.or.kr
홈페이지 : juntong.or.kr
사이버書堂 : Cyberseodang.or.kr
온라인서점 : book.cyberseodang.or.kr
등록 : 1989. 7. 3. 제1-936호

인쇄처 : 한국법령정보주식회사(02-462-3860)
총 판 : 한국출판협동조합(070-7119-1750)

※ 역자와의 협의에 따라 인지는 생략합니다.

ISBN 978-89-91720-38-1 04140
       978-89-85395-48-9(세트)

전통문화연구회 도서목록

新編 基礎漢文敎材·漢文讀解捷徑

新編 四字小學·推句	고전교육연구실 編譯	11,000원
新編 啓蒙篇·童蒙先習	고전교육연구실 編譯	11,000원
新編 明心寶鑑	李祉坤·元周用 譯註	15,000원
新編 擊蒙要訣	咸賢贊 譯註	12,000원
新編 註解千字文	李忠九 譯註	13,000원
新編 原文으로 읽는 故事成語	元周用 編著	15,000원
新編 音訓解選	權卿相 譯解	22,000원
漢文독해 기본패턴	고전교육연구실 著	
四書독해첩경	고전교육연구실 著	20,000원
한문독해첩경 文學篇	朴相水 李和春 李祉坤 元周用 著	15,000원
한문독해첩경 史學篇	朴相水 李和春 李祉坤 元周用 著	15,000원
한문독해첩경 哲學篇	朴相水 李和春 李祉坤 元周用 著	15,000원

東洋古典國譯叢書

大學·中庸集註 - 개정증보판	成百曉 譯註	10,000원
論語集註 - 개정증보판	成百曉 譯註	27,000원
孟子集註 - 개정증보판	成百曉 譯註	30,000원
詩經集傳 上·下	成百曉 譯註	各 35,000원
書經集傳 上·下	成百曉 譯註	各 35,000원
周易傳義 上·下	成百曉 譯註	各 40,000원
小學集註	成百曉 譯註	30,000원
古文眞寶 後集	成百曉 譯註	32,000원

五書五經讀本

論語集註 上·下	鄭太鉉 譯註	各 25,000원
孟子集註 上·下	田炳秀·金東柱 譯註	各 30,000원
大學·中庸集註	李光虎·田炳秀 譯註	15,000원
小學集註 上·下	李忠九 外 譯註	各 25,000원
詩經集傳 上·中·下	朴小東 譯註	各 30,000원
書經集傳 上·下	金東柱 譯註	各 30,000원
周易傳義 元·亨·利·貞	崔英辰 外 譯註	各 30,000원
詳說古文眞寶大全後集 上·下	李相夏 外 譯註	各 32,000원
春秋左氏傳 上·中·下	許鎬九 外 譯註	各 36,000원~38,000원
禮記 上·中·下	成百曉 譯註	各 30,000원

東洋古典譯註叢書

〈經部〉
十三經注疏

周易正義 1~4	成百曉·申相厚 譯註	各 30,000원~40,000원
尙書正義 1~7	金東柱 譯註	各 25,000원~36,000원
毛詩正義 1~8	朴小東 外 譯註	各 32,000원~37,000원
禮記正義 1~3, 中庸·大學	李光虎 外 譯註	各 20,000원~30,000원
論語注疏 1~3	鄭太鉉·李聖敏 譯註	各 25,000원~40,000원
孟子注疏 1~4	崔彩基·梁基正 譯註	各 29,000원~30,000원
孝經注疏	鄭太鉉·姜珉廷 譯註	35,000원
周禮注疏 1~4	金容天·朴禮慶 譯註	各 27,000원~34,000원
春秋左傳正義 1~2	許鎬九 外 譯註	各 27,000원~32,000원
春秋公羊傳注疏 1	宋基采 外 譯註	37,000원
春秋左氏傳 1~8	鄭太鉉 譯註	各 18,000원~35,000원
禮記集說大全 1~6	辛承云 外 譯註	各 25,000원~40,000원
東萊博議 1~5	鄭太鉉·金帝愛 譯註	各 25,000원~35,000원
韓詩外傳 1~2	許敬震 外 譯註	各 29,000원~33,000원
說文解字注 1~5	李忠九 外 譯註	各 32,000원~38,000원

〈史部〉

思政殿訓義 資治通鑑綱目 1~23	辛承云 外 譯註	各 18,000원~35,000원
通鑑節要 1~9	成百曉 譯註	各 18,000원~40,000원
唐陸宣公奏議 1~2	沈慶昊·金愚政 譯註	各 35,000원~45,000원
貞觀政要集論 1~4	李忠九 外 譯註	各 25,000원~32,000원
列女傳補注 1~2	崔秉準·孔勤植 譯註	各 30,000원~38,000원
歷代君鑑 1~4	洪起殷·全百燦 譯註	各 32,000원~35,000원

〈子部〉

孔子家語 1~2	許敬震 外 譯註	各 35,000원/36,000원
管子 1~4	李錫明·金帝蘭 譯註	各 30,000원~32,000원
近思錄集解 1~3	成百曉 譯註	各 25,000원/35,000원
老子道德經注	金是天 譯註	30,000원
大學衍義 1~5	辛承云 外 譯註	各 26,000원~30,000원
墨子閒詁 1~6	李相夏 外 譯註	各 32,000원~38,000원
說苑 1~2	許鎬九 譯註	各 25,000원
世說新語補 1~5	金鎭玉 外 譯註	各 29,000원~40,000원
荀子集解 1~7	宋基采 譯註	各 25,000원~38,000원

心經附註	成百曉 譯註	35,000원
顔氏家訓 1~2	鄭在書·盧暻熙 譯註	各 22,000원/25,000원
揚子法言 1	朴勝珠 譯註	24,000원
列子鬳齋口義	崔秉植·孔勤植·權憲俊 共譯	34,000원
二程全書 1~6	崔錫起·姜導顯 譯註	各 30,000원~38,000원
莊子 1~4	安炳周·田好根 共譯	各 25,000원~30,000원
政經·牧民心鑑	洪起殷·全百燦 譯註	27,000원
韓非子集解 1~5	許鎬九 外 譯註	各 32,000원~38,000원

武經七書直解

孫武子直解·吳子直解	成百曉·李蘭洙 譯註	35,000원
六韜直解·三略直解	成百曉·李鍾德 譯註	26,000원
尉繚子直解·李衛公問對直解	成百曉·李蘭洙 譯註	26,000원
司馬法直解	成百曉·李蘭洙 譯註	26,000원

〈集部〉

古文眞寶 前集		成百曉 譯註	30,000원
唐詩三百首 1~3		宋載邵 外 譯註	各 25,000원~36,000원
唐宋八大家文抄	韓愈 1~3	鄭太鉉 譯註	各 22,000원/28,000원
〃	歐陽脩 1~7	李相夏 譯註	各 25,000원~35,000원
〃	王安石 1~2	申用浩·許鎬九 共譯	各 20,000원/25,000원
〃	蘇洵	李章佑 外 譯註	25,000원
〃	蘇軾 1~5	成百曉 譯註	各 22,000원
〃	蘇轍 1~3	金東柱 譯註	各 20,000원~22,000원
〃	曾鞏	宋基采 譯註	25,000원
〃	柳宗元 1~2	宋基采 譯註	各 22,000원
明淸八大家文鈔	1 歸有光·方苞	李相夏 外 譯註	35,000원
〃	2 劉大櫆·姚鼐	李相夏 外 譯註	35,000원
〃	3 梅曾亮·曾國藩	李相夏 外 譯註	38,000원
〃	4 張裕釗·吳汝綸	李相夏 外 譯註	근간

東洋古典新譯

당시선	송재소·최경렬·김영죽 편역	22,000원
손자병법	성백효 역주	14,000원
장자	안병주·전호근 김형석 역주	13,000원
고문진보 후집	신용호 번역	28,000원
노자도덕경	김시천 역주	15,000원
고문진보 전집 上·下	신용호 번역	각 22,000원
신식 비문척독	박상수 번역	25,000원
안씨가훈	김창진 번역	근간

동양문화총서

동양사상 해설과 원전	정규훈 外 저	22,000원
화합의 길 《중용》 읽기	금장태 저	20,000원
호설과 시장	신용호 저	20,000원
어느 노학자의 젊은 시절 - 《고문진보》選譯	심재기 저	22,000원

문화문고

경전으로 본 세계종교 그리스도교	이정배 편저	10,000원
〃 도교	이강수 편역	10,000원
〃 천도교	윤석산·홍성엽 편저	10,000원
〃 힌두교	길희성 편역	10,000원
〃 유교	이기동 편저	10,000원
〃 불교	김용표 편저	10,000원
〃 이슬람	김영경 편역	10,000원
논어·대학·중용 / 맹자	조수익·박승주 공역	각 10,000원
소학	박승주·조수익 공역	10,000원
십구사략 1~2	정광호 저	각 12,000원
무경칠서 손자병법·오자병법	성백효 역	10,000원
〃 육도·삼략	성백효 역	10,000원
〃 사마법·울료자·이위공문대	성백효 역	10,000원
당시선	송재소·최경렬·김영죽 편역	10,000원
한문문법	이상진 저	10,000원
한자한문전통교재	조수익·이성민 공역	10,000원
士小節 선비 집안의 작은 예절	이동희 편역	12,000원
儒學이란 무엇인가	이동희 저	10,000원
동아시아의 유교와 전통문화	이동희 저	13,000원
현대인, 동양고전에서 길을 찾다	이동희 저	10,000원
100자에 담긴 한자문화 이야기	김경수 저	12,000원
우리 설화 1~2	김동주 편역	각 10,000원
대한민국 국무총리	이재원 저	10,000원
백운거사 이규보의 문학인생	신용호 저	14,000원